我有学习"超能力"

激发学习兴趣，提高自主学习的关键方法

邬玲玲—— 著

中国铁道出版社有限公司

CHINA RAILWAY PUBLISHING HOUSE CO., LTD.

图书在版编目（CIP）数据

我有学习"超能力"：激发学习兴趣，提高自主学习的关键方法 / 邬玲玲著 . -- 北京：中国铁道出版社有限公司，2024.9. -- ISBN 978-7-113-31315-9

Ⅰ. G632.46

中国国家版本馆 CIP 数据核字第 20246EU446 号

书　　名：我有学习"超能力"——激发学习兴趣，提高自主学习的关键方法
　　　　　WO YOU XUEXI "CHAONENGLI" ——JIFA XUEXI XINGQU，TIGAO ZIZHU XUEXI DE GUANJIAN FANGFA
作　　者：邬玲玲

责任编辑：巨　凤　　　　　　　　编辑部电话：（010）83545974
编辑助理：刘朱千吉
封面设计：仙　境
责任校对：刘　畅
责任印制：赵星辰

出版发行：中国铁道出版社有限公司（100054，北京市西城区右安门西街 8 号）
印　　刷：三河市宏盛印务有限公司
版　　次：2024 年 9 月第 1 版　2024 年 9 月第 1 次印刷
开　　本：710 mm×1 000 mm 1/16　印张：14.25　字数：215 千
书　　号：ISBN 978-7-113- 31315 -9
定　　价：59.00 元

致亲爱的同学们和家长朋友们

你们好！我们对学习总是存在种种困惑：为什么很多同学听了那么多课，做了那么多作业，用了那么多时间来学习，却依然感觉自己好像没学到什么知识，感觉学习没什么成效呢？为什么会缺乏学习的动力和热情呢？为什么不少同学会觉得自己每天都深陷作业和题海中无法自拔，成绩却依然平平呢？为什么有些同学也很努力、很用功，成绩却始终不见起色呢？为什么听同样的老师讲授同样的课，同一个班级同学的成绩却会有天壤之别呢？为什么不少同学总是感觉自己记不住知识，即使记住了也很快又忘了呢？为什么有些同学总是很难集中注意力进行高效学习呢？为什么面临大型考试时，有些同学总会有些担心、不自信，而有些同学却能拥有良好的心态，从容面对呢？为什么有的同学很用心地去学习、去考试，可分数却总是不理想，成绩总是很难提升呢？为什么成绩总有起伏，稳定不下来呢？……

这些问题的答案，你都可以在这本书里找到。

在我近二十年的教学生涯中，有很多同学向我咨询过有关学习的种种问题。

我曾经遇到过一名刚来校的新生，向我倾诉她在学习上的种种不适应。经过我的指导，她很快适应了学校生活，并在入校的第一次统考中成绩位居班级第一，在后来的考试中成绩也始终能稳居班级前三。

我也曾指导过一名学生，他因为学习成绩时好时坏不稳定而十分苦恼，我告诉他是因为他缺乏一套系统、成熟、稳定的学习方法。在我的辅导下，他逐渐找到了适合自己的学习方法，成绩也逐渐稳定在班级前列。

还有一名高三学生，只有一个月就要参加高考时，很焦虑地问我该如何提升成绩，从而考入自己理想的大学。我告诉他一些提升成绩的方法和技巧后，他用最后一个月的时间，将成绩提升了 60 多分，从平时考试的近 500 分，提升到高考成绩揭晓后的 560 多分，并最终考上了自己心仪的大学和专业。

…………

我由衷地为他们感到高兴！

写这本书的缘起是，我对自己所带班级的学生的学习困惑进行了一次专门调查，他们递给我的纸条上写着：

学习没有明确的方向和目标；

对未来非常迷茫，不知道自己想干什么；

感觉困、累，学不进去；

感觉自己永远也考不上好学校；

在学习上努力了，但成效很低，成绩没有提升，没有继续下去的动力，有时候有点儿想放弃；

为什么我比以前更努力了，排名却更靠后了，我很迷茫；

前段时间信心满满，感觉收获满满，但考试成绩不如我意打击到我了，觉得前段时间好像都是徒劳无功；

怎样转变心态积极学习？

成绩总有起伏不稳定怎么办？

学习效率很低，总觉得时间利用率不高，也不知道怎么改进；

怎样克服课堂犯困、注意力不集中的问题？

学习时总是想到其他事，难以重新进入学习状态；

学习时容易分心、跑神，如何提高专注力？

不够自律，努力一段时间又回到从前的状态；

如何才能拥有较强的自律，持之以恒地坚持？

…………

我在纸条上用文字对他们进行了一一回复，并专门就这些问题给他们上了一堂

"从现在开始握住自己未来"的班会课。班会课的效果特别好，他们从之前那种困惑迷茫、疑虑不安的学习状态中走了出来，变得积极上进、自信阳光，他们现在每一天都在为自己的未来努力奋斗着，这让我能够预见他们美好的未来。

毫无疑问，未来虽然无法完全精准预测，但我们能够掌控住它的方向。

根据他们的情况，我想到那些依然处在困惑和迷茫中的广大学子们，他们也想付出，也有付出，但结果往往不尽如人意，于是开始怀疑自己、怀疑人生。

为了更好地帮助到正在学海中充实自己的广大学子，以及那些正在为孩子的学习成绩焦心不已的家长朋友们，我决心动笔将自己十几年的求学经验和近二十年的教学经验，还有一些知名优秀学子学长（李柘远、祁子凯）和清华、北大优秀学子的高效学习方法系统地梳理和总结出来，以帮助在校的学子们拿到通往优秀学子之门的高效学习"金钥匙"——激发学习兴趣、提高自主学习的关键方法，从而拥有学习"超能力"！一旦拥有了学习"超能力"，在未来的学习、工作和生活中，就能做到"游刃有余"，也能更好地实现自己的理想，收获成功和幸福的人生。

在这个世界上，真正厉害的人，都是心中有明确目标又善于"找方法"的人。人的思维神经就像是人的肌肉，只有经过不断锻炼，才会越来越强大。而练习得好，即使天赋不高、原来的基础不好，也能够通过一步步的努力，提高寻找方法的能力。越去找方法，便越会找到方法。越会找方法，就越能创造出更大的价值。

因此，养成良好的学习习惯，拥有好的学习方法，是非常必要且必需的。

本书从高效学习的方向和动力来源入手，帮助广大学子和想要引导孩子学习的广大家长朋友们认清学习的本质，明确学习的底层逻辑，知晓学习的动力来源。同时，对于如何记忆才能牢固掌握知识点，如何复习才能夯实完整的知识体系，如何提高注意力、做好时间管理，如何区分"假学习"与"深度学习"，如何掌握通往高阶的学习心态、必备思维与工具，成为优秀学子的必备素养以及得高分的做题方法与思维模型，都进行了具体的阐述与方法指导，对如何高效预习、听课、做笔记、记忆、写作业、复习均给出了有效的实操方法。

市面上讲学习方法的书有很多，比如《学习高手》《哈佛高效学习法》等，但它们几乎都是针对学习成绩已经比较优异的学生写的，专门面向普通学生的书籍很少，这些书籍大多局限于具体的学习方法和技巧，而很少从根源上指导学生明确学习方向、激发学习动力，以及提供关于学习的总体规划、最佳学习心态培养、记忆的根本方法、听课效率提升的关键点、考场应试过程的系统性指导，以及构建高分获取所需的分析思维模型构建等全面的指导。

本书是从根本方向到具体方法系统性地指导广大在校学子，既包括普通学生也包括优秀学生，帮助大家更轻松地"修炼"成优秀学子，从而拥有学习"超能力"的一本书，是对广大初中生和高中生有着普遍指导意义的一本书。

广大学子和想要辅导孩子的家长朋友们可以从这本书里找到高效学习的根本方向，明确学习的底层逻辑，知晓学习的动力来源，从而激发学习热情，知道怎样做好学习的规划与安排、做好每日的时间管理并形成自律，明确各门学科的特点，怎样有效预习，怎样听课才能取得效果最大化，怎样做笔记才能透彻吸收课堂所学，怎样更高效地完成作业并更有效地巩固深化所学知识，怎样复习才能更牢固地掌握知识，怎样把握考试的过程从而使结果变得更可控，明确最佳学习心态以及成为优秀学子必备的思维、工具与素养，获取高分的做题方法与思维模型，从而让考试取得高分不再只是梦想。

本书所介绍的高效学习方法，就像是一把学习的"金钥匙"。拥有它，能更好地助力学子们拥有学习"超能力"，从而更轻松地驾驭学习，甚至对未来的工作和生活都将产生积极而深远的影响。

衷心希望并相信这本书能够帮助到广大学子和想要正确引导孩子学习的广大家长朋友们。

邬玲玲

2024 年 6 月

目　录

上　篇　拓展学习认知篇

第1章　学习的本质与动力的来源: 高效学习的底层逻辑　1

缺乏学习的动力, 学习没有成效, 其主要原因在于不知道高效学习的底层逻辑, 没有把握学习的本质, 不明确学习的动力来源。

1.1　学习的本质: 学习的底层逻辑都是相通的　1

1.2　考试的本质: 了解平时考试与升学考试的区别　4

1.3　学习的动力: 用学习的内驱力激发出自我学习的热情　7

第2章　优秀学子的共性经验总结: 高效学习的必备五项　27

很多优秀学子开始也是普通学生, 但当他们拥有了良好的学习心态、进阶的优质思维和素养, 以及高效的学习工具, 始终利用有限的时间进行深度学习之后, 才得以迅速地进步与成长, 从而不断拉开与他人的差距, 成为优秀学子。

2.1　最佳学习心态: 不在乎成功与失败, 只在乎不断成长　27

2.2　必备思维: "复盘"思维, 能让学习获得更快提升　29

2.3　必备素养: 一旦拥有, 成为优秀学子就只是时间问题　32

2.4　必备工具: "镰刀"与"收割机"的效率不可同日而语　39

2.5　"深度学习": 与"假学习"效果的天壤之别　42

第3章　学习要因"科"制宜：高效学习的学科策略　　50

偏科是因为没有把握各门学科的学习特点和学习方法。如果用学数学的方法来学语文和英语，用学政史地的方法来学数学都是行不通的。只有因"科"制宜，才能在有限的学习时间内高效学好各科，从而解决偏科问题。

3.1　语文：阅读、积累和多写，是语文学习的真经　　50

3.2　数学：把握基础和做题总结，是数学学习的法门　　56

3.3　英语：单词、语法、阅读和题型总结，是英语学习的精髓　　60

3.4　理化生：理解和运用基础知识，是理化生学习的要害　　70

3.5　政史地：牢记基础并与实际结合，是政史地学习的精华　　79

下　篇　学习方法实操篇

第4章　明确目标：做好学习计划，让学习事半功倍　　88

对学习感到迷茫，不知道该怎样度过在校生涯，是因为没有明确学习的终点目标，没有做好科学的学习计划并加以执行。

4.1　目标和计划：就是高效学习的方向和入口　　88

4.2　做好学习计划：可以让有限的时间变得更高效　　89

4.3　强大的执行力与自律：学习计划得以实施的保证　　102

第5章　听课理解：充分重视课堂，高效听课是关键　　106

听完课头脑还是一片空白，不知道怎样听课才能取得好的效果，是因为不知道高效听课的起点、关键、精华、流程、原则和方法。

5.1　有效预习：高效学习的起点　　　　　　　　　　106

5.2　用心听课：高效学习的关键　　　　　　　　　　111

5.3　明确提纲和目标：取得听课效果最大化的关键　　113

5.4　紧跟老师思路：也就抓住了一节课的精华　　　　114

5.5　听课的流程、原则和方法："听懂每节课"是优秀
　　　学子们的法宝　　　　　　　　　　　　　　　117

第6章

消化吸收：做好笔记和复习，高效吸收所学　　123

对学过的知识很快就忘，考场一紧张就想不起课本知识，是因为没有记笔记和复习知识的习惯，没有掌握高效笔记法和复习的规律、方法。

6.1　记笔记的目的：助力理解吸收，提升课堂效果　　123

6.2　记笔记与听课：处理好两者关系才能提升学习力　124

6.3　两种经典笔记法：高效笔记才能助力更高效地学习　126

6.4　笔记的整理与复习：打造超强学习力不可或缺的环节　132

6.5　及时规律复习：才能让知识真正内化为自己所有　136

6.6　平时几个节点复习：抓住复习的诀窍和规律才能高效复习　138

6.7　月考与期末复习："凡事预则立，不预则废"是真理　143

6.8　中考和高考复习：直面应对，做好充足准备则万事俱备　147

第7章

存储记忆：记忆的根本与有效方法，高效记忆所学　150

害怕记忆知识，总担心记不住，即使记住了很快又忘掉，是因为不知道记忆的根本方法，没有用对记忆方法，没有掌握人类的遗忘规律。

7.1　分解记忆法：从根源上克服"记不住"，树立记忆自信　150

7.2　重复记忆法：从根本上克服"又忘了"，有效防止遗忘　153

7.3　理解记忆法：理解了的知识，才更容易记住和应用　158

7.4　直观形象记忆法：直观形象能让记忆更清晰更长久　160

7.5　压缩简化记忆法：简洁明了能有效减轻记忆负担　165

7.6　联想记忆法：联结记忆能加深记忆和更长久地记忆　166

第8章　灵活提取：建构知识体系和高效完成作业，巩固所学　170

上了初中、高中，要学习的科目多、知识也多，不知道怎样存储知识和提取运用知识，是因为没有在学习的过程中不断地构建课本知识体系和知识应用体系。老师布置的作业多，总感觉写不完，整天被作业压得喘不过气，是因为没有明确作业的目的和作用，没有合理高效安排各科作业时间和运用高效作业法。

8.1　构建课本知识体系：能将知识条理化系统化地存储在脑海　170

8.2　构建知识应用体系：能让知识运用变得更加得心应手　175

8.3　明确作业的目的和作用：要从"作业题海"中跳脱出来　177

8.4　高效作业的安排与原则：在有限的时间能更高效地完成作业　179

8.5　几个典型的高效作业法：高效完成作业才能把握学习主动权　182

8.6　作业完成不等于结束：做好后续工作才能更显著地提升学习力　185

第9章 熟练运用：考场应试秘籍大全，让获取高分不是梦　190

　　该掌握的知识都掌握了，可一考试就紧张就出问题。很努力地去学习、去做题，可却总在考试时只能得到差不多的分数，达不到自己的理想状态。这些都是因为没有学会调适心态，不会掌控考试的整个过程，平时没有研究和总结能够获取高分的做题方法和思维模型。

9.1　考场心态：考场最佳心态和注意力高度集中，能让临场
　　　发挥更好　190

9.2　每科考试：明确做试卷的流程、原则和要求，才能做到
　　　心中有数　193

9.3　答题策略与技巧：在有限的时间里要最大限度地拿到
　　　能拿到的分　196

9.4　做题方法：几个"万能做题法"，是能够获取高分的有
　　　效解题法　199

9.5　思维模型：建构严谨高效分析试题的思维模型，让得
　　　高分不是梦　205

9.6　考试时需注意的几点：处理得当，使考试取得最大化的
　　　成果　208

9.7　及时高效检查：能有效提高正确率，争取到最大的胜利　210

参考文献　213
后　记　214

上 篇

拓展学习认知篇

第 1 章

学习的本质与动力的来源：高效学习的底层逻辑

来自同学们的困惑：

"为什么我在学习上费了那么大劲，听了那么多课，做了那么多作业，却依然感觉自己好像没学到多少知识，感觉自己的学习没有什么成效呢？"

"为什么我会缺乏学习的动力和热情呢？学习的动力到底来自哪里？如何才能激发学习的热情，转变心态积极学习呢？"

1.1　学习的本质：学习的底层逻辑都是相通的

1.1.1　学习的本质

现代社会发展日新月异，知识更新速度越来越快。在这个学习型社会里，全社会的人只有不断学习，才能更好地应对生存和发展的挑战。因此，我们必须在有限的时间实现学习效率的提升，才能紧跟时代前进的步伐。

无论何种类型的学习都不例外。

以我本人为例，我除了教学，还学习了瑜伽、写作和家庭教育，并拿到了高级瑜伽指导师证、高级家庭教育指导师证和市作协证。

我之所以能够在有限的时间里掌握多项技能，与我把握了学习的过程和本质密不可分。

事实上，大道至简，万物相通。

学习的底层逻辑都是相通的。

拿瑜伽学习来说，2017 年的暑假，我在两个月的时间里，学习了瑜伽的基础理论，并熟练掌握了瑜伽班课本指定的 108 个动作。当然，那段时间我满脑子想的都是瑜伽，每天的时间也被瑜伽学习占满。

在目标明确的情况下，我通过有目的地听教练讲课，然后理解消化、记忆存储并练习运用所学，逐渐达到了瑜伽教练班的学习要求，并能自主编排动作进行示范讲解，从而顺利通过了高级瑜伽指导师的考核，最终拿到了证书。

再拿很多人都熟悉的考驾驶证来说，需要学习并通过四个科目。科目一为道路交通安全法律法规和相关知识考试科目；科目二为场地驾驶技能考试科目，考试项目包括倒车入库、坡道定点停车与起步、直角转弯、曲线行驶和侧方停车；科目三为道路驾驶技能考试科目，考试基本项目包括上车准备、起步、直线行驶、变更车道、通过路口、靠边停车、通过人行横道线、通过公共汽车站、通过学校区域、会车、超车、掉头和夜间行驶；科目四为安全文明驾驶常识科目，考试项目为安全文明驾驶相关知识。

考驾驶证的学习同样需要在这些限定的目标下，通过有目的地听教练讲解，然后理解消化课本知识、记忆存储并练习运用所学，从而熟练掌握知识技能并通过考核。

除此之外，还有很多技能的培训和学习，如商务英语、风险管理、大数据人力资源管理、高级能源管理、财税会计、总会计师等，学习的过程和本质其实都是相通的。

学习的过程不外乎这样六个环节：

```
◇▶ 一、明确目标
◇▶ 二、听课理解
◇▶ 三、消化吸收
◇▶ 四、存储记忆
◇▶ 五、灵活提取
◇▶ 六、熟练运用
```

学习的本质，就是要带着明确的目标，通过听课理解、消化吸收、存储记忆、灵活提取并熟练运用，从而达成学习的效果。

1.1.2 在学校学习的本质

在学校学习的本质，同样是要带着各学科的学习目标，通过听课理解、消化吸收、存储记忆、灵活提取并熟练运用，从而提升各学科的学习成绩，并在此过程中获得思维和能力的提升，从而为未来的学习、工作和生活打下坚实的基础。

在学校学习的底层逻辑，也就是要带着各科学习目标，通过听课理解课本一个个知识点，再通过做题练习消化吸收这些知识点，然后不断复习融会贯通，并总结形成各学科的一套课本知识体系和知识应用体系，存储记忆在脑海里，在考试时根据题目设定的条件和要求，在脑海中灵活提取知识框架体系中已经消化理解的知识，在限定的时间里熟练运用学科思维和知识去解决问题，从而达成各学科的学习目标，并提升学习能力，以更好地适应未来的学习、工作和生活。

曾有一位高三学生因为抑郁症导致高考没考好，后来回校复读，但他的基础比较差，想要提升成绩，但又不知从何做起，朝什么方向努力。他母亲咨询我，我给她讲了学习的底层逻辑，这样，孩子就知道了今后努力的方向，学习起来才能事半功倍。

以下截图就是我和那位学生母亲的对话。

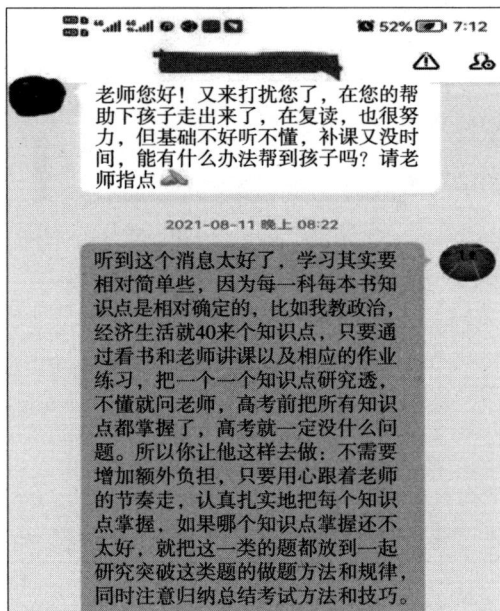

只有明确了在学校学习的本质和学习的底层逻辑，才能找到高效学习的方向和入口。

1.2　考试的本质：了解平时考试与升学考试的区别

1.2.1　平时考试的目的和本质

我们可以将除升学考试外的所有考试都称为平时考试，包括学期考试和学段考试。

学期考试和学段考试，又称为诊断性测试，其目的和本质是诊断教师教学和学生学习的情况。

所以，认清学期考试和学段考试的本质后，我们就知道对待这类考试的正确态度应是：查漏补缺，纠错反思，不断改进我们的学习方法，从而取得进步与提升。

可事实上，有些同学看不清学期考试和学段考试的本质，只盯着考试成绩，过于关注和看重考试分数，患得患失。考得好，便长久地处于高兴、激动、骄傲的情绪中；考得不好，便难过、痛苦、伤心，甚至怀疑自己，对学习失去兴趣，抵触和厌恶学习。这些情绪都不利于学习的进步与提升。

那我们应该如何正确对待学期考试和学段考试呢？

对待学期考试和学段考试，我们要把考试成绩作为参考，及时调整心态，以平和冷静的态度去分析试卷和成绩背后反映出来的阶段性学习情况，从而有针对性地改进和提高。

通过对具体得分情况分析，查找知识点和能力点的掌握情况，经过有规划的努力，使知识掌握得更扎实。

例如：2022 年春节假期之前的网课，我就通过直播上课模式，在线上对所带班级同学的知识掌握情况进行了客观点评，以确定之后努力的方向和改进措施。

每次联考后我都坚持这样去点评，帮助每位同学总结经验教训，找出相对应的改进措施，同时制定下次考试的目标和学习计划。经过几次联考之后，所带班级同学的成绩普遍有了大幅提升。

如果你每次考试后也能坚持这样去做，相信你的成绩也一定能不断提升！

1.2.2 如何正确对待中考和高考前的所有考试

还记得 2020 年四五月时，我带的高三学生有好几位同学先后来找我求助。

其中有一位同学说："我感觉自己很努力、很用心，可为什么成绩却一直止步不前？看到别人进步，而我却在退步，我特别着急和焦虑，就想着自己再努力些，比别人再多学点，下课的时间也基本用来学习，可能才会比别人进步更多一些，学得更好一些；我想要把成绩考好，所以考试时有些紧张，害怕时间不够用，又害怕做选择题不仔细做不好，所以很矛盾……结果成绩反而没有以前好，甚至感觉自己以前会做的题，现在做起来都有些困难，自己退步很大。"

还有一位同学，平时成绩一直很好，但找我求助之前的那次考试没考好，她觉得自己退步太大，所以想找班主任请假回家。可是她没找到班主任，于是她找到我，说自己最近的状态很差，想请假回家，可是班主任又不在，问我该怎么办。我告诉她可以向邻班的班主任请假，或者直接到德育处去请假。然后我问她的具体情况，她说自己最近状态其实一直不好，这次考试考得特别差，心理落差很大，所以想请假回家调整一下。

上面这两位同学因太过看重成绩导致出现了心理焦虑和心态失衡。她们都没有看到阶段性考试的本质。中考和高考之前的所有考试，都属于诊断性考试，意在让学生查漏补缺，不断改进。

看清平时考试的目的和本质之后，就不会出现过多的焦虑，甚至心态失衡。

可如果心态已经出现了问题，那该如何调整心态呢？

我告诉她们阶段性考试的本质之后，又给了她们调整心态的具体方法：

1. 找一些从低谷中走出来迈向成功的文章来看。

如《在北大等你》《在清华等你》《青年文摘》《读者》等书籍杂志里都有不少心态调整方面的事例，我们看文章时要侧重学习如何调整心态、尽快从低谷中走出来的方法。

2. 下课尽量走出教室。

一是到外面呼吸新鲜空气，有利于大脑供氧充足，保持大脑清醒；二是到外面看风景，有利于放松心情，让自己紧绷的神经慢慢松弛下来，外界的美好才能再次进入心灵，才不至于整天处在教室紧张的学习氛围之中，导致紧绷的神经没有机会放松。

3. 听一些著名的钢琴曲。

美好的旋律也能够让人放松下来。比如《秋日私语》《星空》《蓝色的爱》《童年回忆》等，只要用心聆听，就能感觉浮躁紧张的心情会随之变得舒缓宁静，"音乐有治愈心灵的作用"。

4. 进行体育锻炼。

每天早操之前，可以在操场先跑几圈。在自由活动的时间和体育课上，可以打篮球或者进行其他活动, 尽情地释放压力。

5. 一个知识点、一个知识点地进行突破和查漏补缺。

告诉自己一点一点来, 有问题就问老师或同学, 每天都有收获和进步, 就会觉得自己过得很充实, 心里就不会发虚, 自己就会为自己的进步感到高兴和快乐。

6. 做好安排, 有条不紊。

不要看着这个学科的内容, 又想其他学科还有许多问题没解决; 这科的作业还没完成, 另外几科的讲义又发下来了, 常常不知做什么好, 事事都想做, 又静不下心来做, 经常心烦意乱……要跟着老师的节奏走, 在此基础上, 根据自己的实际情况, 如弱势科目的欠缺点要每天多花一些时间去补习; 哪些类型题自己做得不好, 每天要花多少时间去研究; 哪些知识还需要花几分钟记忆; 等等。只有做好合理安排, 学习生活有条不紊, 才不会乱套焦虑, 也才能从容高效地过好每一天。

这之后, 她们很快从低迷的状态中走出来, 并都在高考时考出了自己理想的成绩。我由衷地为她们感到高兴、骄傲和自豪!

以上调整心态的方法, 同样适用于初中学子们。当然, 我们在未来的工作和生活中, 也可以灵活地加以运用。

1.3　学习的动力: 用学习的内驱力激发出自我学习的热情

1.3.1　兴趣是学习成功最好的老师

兴趣不仅能让一个人忘记学习的辛苦和劳累, 甚至不以为苦反以为乐, 使自己注意力集中, 从而使得记忆力增强, 想象力更丰富, 情绪更高涨, 克服困难的意志也会增强, 即使长时间沉浸其中也不会感到疲劳。

据研究, 如果一个学生对学习有兴趣, 积极性高, 就能发挥其全部才能的 80% ~90%; 反之, 他的才能只能发挥 20% ~30%。

在我的教学生涯中, 经常碰到这样的学生, 他们某科学得不好, 成绩很差, 就理直气壮地说："我没兴趣！"还有些学生说："我对学习没兴趣，我不想学，也学不好！"不想学习就说没兴趣，不愿做的事也说自己没兴趣，这些都只是借口。

天生就对学习感兴趣的人少之又少，大部分人对学习的兴趣都是靠后天培养出来的。

那我们怎么培养自己的学习兴趣呢？

1. 明确学习目的，认识学习的价值和意义。

明确自己的学习目的，想清楚自己为什么学习，就能激发出学习的兴趣和热情，从而愿意主动克服学习中的种种困难和挫折，朝着自己的目标前行。

我的一位学生，从高一入校就明确自己要考名校师范大学的免费师范生这一目标。所以，高中三年的学习，她都相当投入和专注，高考也如愿考上陕西师范大学的免费师范生。大学四年她也按照优秀教师的标准，努力提升自己的素养和能力。后来回校看我时，她举手投足之间都表现出一名女教师应具备的温柔优雅和大方从容的气质。

2. 做情绪的主人，进行积极的自我心理暗示。

苏联学者西·索洛维契克曾对三千多名懒于学习的学生进行过"满怀兴趣地学习"实验，取得了良好的效果。他的实验要求是：第一，学习前做好充分准备，并对自己一再说："我喜欢你——植物学（原来最不感兴趣的学科），我将高兴地去学习！"第二，一定要努力去学习，要花更多的时间，要比平时更细心。因为，"细心就是热爱学习的主要源泉"。

实验进行几周后，他陆续收到参加实验学生们充满兴奋情绪的报喜信。绝大多数学生实验成功了，他们开始对原来最感到头痛的学科产生兴趣了。

这种增强学习兴趣的方法，其实就是让学生做自己情绪的主人，经常进行积极的自我心理暗示。

3. 认真是兴趣的重要源泉，它能让人增强自信，产生兴趣。

认真就是要全身心投入，当一个人全身心投入时，会取得好的学习效果，效果好了就会使人高兴，高兴了就能增加自信，而增加一份自信就会使人产生一些兴趣。不断认真努力，从而不断增强自信，兴趣也就能不断增强。如此良性循环，积少成多，兴趣就能变得更加浓厚。

4. 要学会制定"小目标"来激励自己，不断获得成功感，从而增强兴趣。

有这样一个实验：甲乙两人比赛割麦子，任务完全一样，两人各方面条件也相同，只是比赛前裁判先给甲隔几米插了一面小红旗，但没有给乙，比赛结果是甲胜乙败。反过来，给乙插小红旗时没有给甲，结果是乙胜甲败。

这个实验就说明，只空喊"我要好好学习将来为祖国做贡献""我要考上最好的大学"等口号是没用的。要学会给自己的每个早晨、每节课、每节自习、每个晚上、每个假日制定力所能及的小目标，插上激励兴趣的"小红旗"，并一项项完成，我们就能积累完成目标的成功感，对学习的兴趣也就会大大增加。

5. 坚持阅读有关书籍，拓宽视野和知识面，从而产生兴趣。

坚持阅读有关书籍，不仅能拓宽视野和知识面，还能深化自己对课本知识的认知，从而增强自己对学习的兴趣。

著名教育家苏霍姆林斯基在《给教师的建议》中提到：阅读是对"学习困难的"学生进行智育的重要手段。有时候，教师对学习有困难的学生说："你只要读教科书就行了，不要去读其他的什么东西，以免分心。"他认为这样的意见是完全错误的。他说："学生学习越感到困难，他在脑力劳动中遇到的困难越多，他就越需要多阅读。""'学习困难的'学生读书越多，他的思考就越清晰，他的智慧力量就越活跃。"

因此，我们不仅要阅读自己感兴趣领域的书籍，对于自己的弱势学科更要寻找相关书籍阅读，以此拓展和深化认知和思维，从而培养兴趣、帮助弱势学科的学习突破。比如：有的同学数学学得不太好，就可以找一些《数学和数学家的故事》《数学我爱你：大数学家的故事》《我身边的数学：巧破谜案》《数字魔鬼——写给所有害怕数学的朋友》等书籍来看，这些书籍中描写的生动有趣的故事以及身边吸引人的数学现象，能帮助你提升对数学的认知和增强对数学的好奇，从而产生对数学学习的兴趣。

6. 积极参加学校的社团、实验和实践活动等，也可以产生和增强兴趣。

积极参加学校举办的一些社团、实验或实践活动，比如生物实验社团、时事政治社团、科技小发明比赛、辩论赛，还有科技节、文艺节等，在此过程中培养自己的好奇心和求知欲，从而培养对学习的兴趣。

我们学校曾有学生的科技发明在北京航空航天大学科技节上参展，并获得奖项，这无疑进一步激发了他对航空航天事业的兴趣，同时也激发了他对学习的热情和信心。

总之，兴趣是最好的老师。想办法培养和增强自己对学习的兴趣，就可以激发出自我学习的热情和动力，积极主动地克服学习中的种种困难和挫折，从而取得学习的进步和成功。

1.3.2　理想是人生的指路明灯

袁隆平一直有两个梦想，一个是"禾下乘凉梦"，一个是"杂交水稻覆盖全球梦"。为了实现自己的梦想，他几十年如一日专心致志地研究杂交水稻，并取得了巨大成功。

学习，同样需要理想作为指路明灯。

我校 2019 级的一名体育生，进校时的中考成绩是全班倒数第一，但他在与清华、北大的高水平运动员的交流中，心中的"清北梦"被点燃。至此，他一方面在文化课上狠下功夫，经常利用训练之余、中午午休等零碎时间一个人上自习，就连周末他也选择一个人留校学习；另一方面，他为了提升自己的体育专项水平，参加了长达一年的集训。但在参加全国比赛时，由于他的膝关节受伤，输得很惨。他的耳旁充满了质疑和嘲讽，但他从未选择放弃。随着伤势的好转，他开始慢慢加大训练强度，长时间的沉淀让他在赛场上越来越沉稳，他的乒乓球技术越来越成熟。之后，他用两个月时间达到了国家一级运动员标准，用三个月时间拿到了全国冠军。随后在北大在全国范围内只招一名乒乓球项目上的男生的情况下，他凭借着坚定的意志和信念的力量，拿下了全国高水平运动员统一比赛测试的冠军，从而圆梦北大！

他回母校演讲的最后，送给学弟学妹们一句话：去追那个说出来就会被嘲笑的梦想吧，万一实现了呢！

他的耳边曾经有太多的"不可能考上""你绝对不行"这样的话，但他始终怀揣着梦想，不放弃，通过自己的不懈努力最终圆梦北大。

这，便是理想的力量！

我小时候的理想就是长大了当一名老师，将自己的爱与知识，传递给祖国未来的接班人。在这个理想的指引下，我通过坚持不懈地努力学习考上了华中师范大学，并在大学期间时刻注意提升自己未来作为一名教师需要的素养和能力。

现在的我，早已实现了当教师的理想。未来的日子里，我还想通过自己的努力去帮助更多的学生和家长，解答他们的困惑，帮助他们进步与成长。

当然，理想总是美好的，但理想不等于现实。

我们如何才能将理想转化为现实呢？

1. 制定切实可行的达成方案。

理想源于现实又高于现实，要实现理想，必须从现实出发，基于现实制定切实可行的、能够达成理想的方案。否则，理想就只能是空中楼阁。

我们有了梦想后，不要想当然地去盲干，而是要首先要分析自己的学习情况，有需要也可以请老师帮忙分析，明确自己学习中存在的问题，以及需要努力突破的方向和方法，然后针对自己的实际情况制定逐步达成方案：如果基础不牢固，那就要重新打好基础；如果存在弱势科目，那就要一科一科进行突破；如果心态不好，就要及时调整自己的心态……

2. 脚踏实地、一步一步落实。

就像登山一样，想要到达山顶，必须脚踏实地、一步一步前行，基础若不牢固，学习就会像建在沙砾上的高楼，随时都会坍塌。

按照自己制定的达成方案一步一步去落实，先打基础再逐步提升能力，然后再突破难题……这样一点一点地进步，就能达成自己的理想。

3. 要有克服困难的勇气和智慧。

人生从来没有一帆风顺。在追逐理想的过程中，肯定会遇到各种困难和挫折，如果没有克服困难的勇气和智慧，就会被困难和挫折压倒压垮，从而放弃理想。

我们在追逐自己理想的过程中，遭遇困难和挫折时，就要想办法——克服和化解。比如，基础差得太远，就得想办法重新打基础，可以找同学借笔记研究，也可以问同学、问老师弄懂；英语学得不好，就要想办法背单词、背课文……只有不断地想办法克服困难，才能助力自己实现梦想。

4. 坚持不懈、持之以恒地努力。

这个世界上，成功的道路从来不拥挤。只有通过坚持不懈、持之以恒的努力，才能实现理想取得成功。

1.3.3　目标有着巨大的导向作用

哈佛大学有个著名的关于目标对人生影响的跟踪调查，对象是一群智力、学历、生活环境、自身条件都差不多的年轻人，经过 25 年的追踪调查发现，他们的生活状况差别巨大：3% 拥有长期目标的人，25 年来始终朝着同一个方向不懈努力，他们几乎成为社会各界顶尖的成功人士；10% 拥有短期目标的人，多半成为各行各业中不可或缺的专业人士，如律师、医生、工程师等；60% 目标模糊的人，他们安稳地生活与工作，但没有什么特别成就；27% 没有目标的人，生活过得很不如意，常常失业，需要社会救济，并经常抱怨他人和社会。调查者因此得出结论：目标对人生有着巨大的导向作用[1]。

不仅人生如此，对于具体事情也是如此，要想取得事情的成功，首先就要树立明确的目标。

日本著名马拉松运动员山田本一，曾获得两次马拉松世界冠军。人们追问他成功的秘诀，他在自传中这样写道："其实很简单，每次比赛前，我都会把比赛的路线研究好，并亲自走一遍。我会把路边标志性东西记下来，比如第一个标志是银行；第二个标志是一棵古怪的大树；第三个标志是一座高楼……这样，比赛一开始我就以百米冲刺的速度跑向第一个目标。等到第一个目标实现后，我又以同样的速度跑向下一个目标。四十多公里的赛程，被我分解成了几个小目标，跑起来就轻松多了。这样，我就不会被遥远的终点所吓倒。"

一个个明确的小目标是山田本一两次获得马拉松世界冠军的秘诀。

---

① 资料来源：中国知网《震撼美国一百年的调查》。

学习要想取得成功，也必须树立明确的目标。学习如果没有目标，就如航海时没有灯塔，很容易迷失方向。

国内外的学习实践都证明，学习目标具有导向、启动、激励、凝聚、调控、制约等心理作用。

那该如何制定自己的学习目标呢？

目标可以分为：长期目标（也可以称之为理想）、中期目标（也可以称之为阶段目标）、近期目标（也可以明确成每日目标）。

学习的长期目标可以设定为诸如：将来考上什么样的大学，从事什么样的职业，做一个什么样的人，为国家为社会做些什么事。

学习的中期目标可以设定为诸如：学期或学年准备达成什么样的学习效果，总分考到多少分，上升多少名次；每一科考到多少分，上升多少名次；一周、一个月准备突破弱势科目中的哪些知识点和哪类题型，突破各科中的哪些薄弱知识点和哪类题型等。

学习的近期目标（也可以明确成每日目标）可以制订成每日时间安排表：什么时间完成什么学习任务；自由支配的时间准备做什么，一点一点地突破弱势科目和薄弱知识环节等。

我高三2~3月的近期目标

二、三月：以历史、政治课本知识复习、记忆及运用为主

课外作息时间表(2~3月)

早自习前　　　背英语课文
下午第四节自习　看背历史课本、政治课本
晚自习前　　　英语单词记忆(利用组编常见句型记忆)
第一节晚自习　数学笔记整理
第四节晚自习　英语阅读理解或完型填写
▲晚就寝前　　　回顾历史、政治课本，从整体网络到
　　　　　　　细节知识点，及时查漏补缺

一定要记住形成习惯，这份作息时间表要管2个月，一定要坚持陪充分利用每一分钟，取得实效。

各科薄弱环节突破(逐步进行)

语文：基础知识中的成语及语病；文言文阅读；知识运用(病句修改)
数学：应用题。平时规范训练，逐步提高解题速度；注重训练配思维。(计算能力，从整体把握，多角度思维，寻求最佳解题策略)
英语：完型填空、阅读理解及作文
政治：根据材料挖掘信息，组织答案。
历史：把握题目本身意思，即出题人的意图。

目标制定好之后，就要去行动去执行，从而达成目标，取得成功。

在我十几年的教学生涯中，一部分学生也有自己明确的目标，但能很好达成自己目标的人却少之又少。所以，要想达成目标，关键在于以下几点：

1. 要将大目标分解成一个个小目标。

成功从来就不是一蹴而就的，它总是靠一点一滴不断地努力得来的。例如，房屋是由一砖一瓦堆砌成的；山田本一能两次获得世界马拉松冠军，也是靠一小段一

小段跑出来的。所以每一个重大的成就，都是一系列的小成就累积而成的。所以，达成目标的最佳策略是学会分解目标，把大目标分解成一个个小目标，目标越小越容易实现，越容易走向成功。

2. 要将一个个小目标贯彻到每一天。

制定的学习小目标，要贯彻落实到每一天，纳入每日时间安排表里，有确定的时间加以保障，每天都得以执行，才能实现一个一个小目标，进而实现大目标。

我高三下学期一段时间内的每日作息时间表

3. 根据自己的实际情况适时地调整目标。

如果某些科目的某些薄弱环节通过较长时间的努力，仍然无法提高，就应该调整目标，重新寻找自己的得分增长点，集中精力攻克自己能够突破的知识和题型。否则，长时间不能实现自己的目标就容易使自己失去信心，增加心理压力，从而影响到学习的动力和学习效果。所以，要确保制定的目标一定是基于自己的实际情况、通过努力能够达成的，也一定是可以给自己带来成就感，从而获得不断前进动力的目标。

4. 强大的执行力和坚持不懈的精神。

目标制定好之后，包括每日时间安排表都做好之后，剩下的就是执行。所以强大的执行力也是实现目标和计划的关键。强大执行力的核心就是从微小的事情开始立即行动。只要按时间计划安排表在相应的时间立即行动起来，就能快速进入状态，进而很好地完成相应计划。坚持每天都按目标计划去执行，持之以恒，就一定能实现目标。

5. 形成自律的好习惯。

每天坚持进而形成自律的习惯，就不会因为一时的不如意而自暴自弃，不会因为遇到困难和挫折打退堂鼓甚至放弃。一旦形成了自律的好习惯，就能让自己每天自然而然地按计划执行，从而能更轻松、更容易地完成目标计划，进而取得成功。

1.3.4　正反馈可以让我们的发展处于良性循环

从小学四年级开始，我通过努力学习，成绩由班级中等考到班级前几名，得到了学校的奖状、老师的肯定和家长的夸奖。这让我更加努力地学习，再次得到学校的奖状、老师的肯定和家长的夸奖……

这就是正反馈。所谓正反馈，是指受控部分发出反馈信息，其方向与控制信息一致，可以加强或者促进控制部分的活动。

我也正是在正反馈所获得的动力支撑下，从小学四年级开始，几乎每学期都能得到学校的奖状、老师的肯定和家长的夸奖。大学时又获得了各种荣誉证书和奖学金。

我们每个人都需要正反馈，正反馈可以让我们积累做事的方法和信心，使自己处于良性循环发展中。而过多的失败和挫折，则很容易压垮一个人的自信心。

无论在我求学期间，还是教学期间，我都遇到过不少这样的同学：刚开始对学习满怀热情和信心，但随着几次考试的不理想，老师批评、家长指责，导致学习效果越来越差，后来丧失了对学习的热情和信心，于是在学校的学习和生活，也成了漫长的痛苦和煎熬。

因此，在漫长的学习生涯中，我们需要更多的正反馈，才能不断地激励我们进一步学习，增强学习信心，从而取得学习的进步与成功。

那怎样才能获得更多的正反馈呢？

第一，家长的支持、鼓励与肯定。

俗话说：家长是孩子的第一任老师。对于正在成长中的学子来说，家长的支持、鼓励和肯定，有着直接、深刻而长远的积极影响。

因此，家长要多发现孩子的闪光点，多鼓励和肯定孩子，做"支持型"家长，而不是"监工型"家长。家长不要动不动就找孩子的毛病："你怎么又错了一个？""你写的都是些什么呀？""考试怎么只考了98分？"……而是要"矮子里拔将军""拿着放大镜找优点"，多夸奖孩子的努力与进步，"我发现你今天又进步了""这个字不好写你都写对了，很不错""你写的字又进步了，不错，继续努力""能考98分，很棒呢，不过你那2分错哪儿了？跟我说说看，下次不错就行"……孩子如果真的考得不好，不是要大发脾气批评孩子，而是要静下心来和孩子一起分析试卷中存在的问题，是哪几个知识点没掌握还是做题没仔细分析题目，及时查漏补缺做好指导。

孩子也要好好和家长多交流沟通自己的想法，多争取家长的支持和鼓励，用自己的努力得到家长的肯定和赞扬。

第二，老师的鼓励和肯定。

老师的鼓励和肯定对学生积极性的调动、自信心的增强、人格的健康发展都有着不可忽视的作用。老师的一句赞扬、一个眼神，就可以激发学生学习的热情，增强学生学习的成就感和自信心。

学生要尊重老师，处理好与老师的关系，有不懂的问题及时地请教老师，经常与老师沟通、交流自己对学习、生活和人生的困惑和疑问，争取获得老师的指导、信任、鼓励和肯定。

第三，自我的鼓励和肯定。

1. 将大目标分解成一个个容易实现的小目标，在微小的成功和进步中不断积累成就感。

比如成绩排名班级中等或靠后的学生，想要考到班级前几名，看起来好像是不可能实现的一个目标，但如果把这个目标分解，每一次考试进步几名，就可以完成和实现目标。这样，一次进步几名，下一次再进步几名……每一次目标的实现，都是一次正反馈，都可以让学生积累成就感和自信心，从而实现考到班级前几名的大目标。我教过的每一届学生里，都有几名由班级排名靠后一点点地进步到班级前几名的学生。

2. 及时地肯定和奖励自己，以获得满足感和成就感。

每完成一个目标就及时地肯定自己，并给自己一个奖励，从而可以让自己的内心得到满足，产生成就感，进而有动力去执行下一个目标。

举我自己的一个例子，在我的学生时代，我每次考试只要有进步，就会给自己买一点小零食犒劳一下自己。这样，我的内心就能得到快乐和满足，自我感觉也会很好。

3. 每日睡前对自己的进步进行总结。

每天睡前的十分钟左右，可以对自己一天的进步进行总结，这些进步既可以是大的进步，也可以是点滴的、细小的进步。

比如，大的进步可以是考试取得较大进步，或者对某类题型的掌握取得突破性进展；小的进步可以是考试成绩排名取得小幅前进，也可以是弄懂了一个新的知识点，或是背会了几个单词等。

当然也可以总结当天还没有弄懂的知识，争取第二天问老师问同学把它弄懂，从而不断取得进步。

我在自己上高三的一年里，每天睡前都坚持这样去总结，这让我感受到自己每天都有进步，心里感觉特别充实和快乐。这样坚持之后，自己的进步也很快，由班级的十名左右，很快就跃居班级前三名。

每日睡前对自己的进步进行总结，最好是简要地写到日记本（可以命名为"进步日记本"或"成功日记本"）上，让自己的每一个进步都看得见，从而建立起正反馈，增强自信心，逐步构建起一个强大的自我，不断挖掘自己的潜能，从而取得进步与成长。

第四，通过不断地努力钻研，获取良好的客观评价。

客观评价，对一个人的成长有着现实而直接的影响。

假如一个学生连续多次没有考好，周围人对他的评价就会受到影响，也会影响到他对自我的评价，大家可能会怀疑他的学习能力，甚至他自己也会怀疑自己的能力。

所以，想要获取正反馈带来的激励作用，就必须通过不断的努力钻研，弄懂弄通一个又一个知识点，考试前做足充分准备，考试中灵活运用，获取良好的学习效果，才能得到大家的认可和肯定，增强自我的成就感和自信心。

1.3.5　成功不仅需要努力拼搏，还要坚守自己的信念

2011 年感动中国人物刘伟，小时候的梦想是当一名足球运动员。然而在他十岁的时候，一次意外的触电，不仅让他失去双臂，还剥夺了他在绿茵场上奔跑的权利。当时的他一度有轻生的想法，而他告诉自己："我的人生中只有两条路，要么赶紧死，要么精彩地活着。"

他坚定地选择了后者，并把这句话当成了自己的信念。

不能踢足球了，他就选择去学游泳。他十二岁那年进入残疾人游泳队，两年之后就在全国残疾游泳锦标赛上获得两金一银，登上了最高领奖台。

他向妈妈承诺，要在 2008 年北京残奥会上拿金牌。可就在这个时候，他又患上了过敏性紫癜，医生告诉他必须停止运动，否则会危及生命。这对他来说无异于晴天霹雳，但他还是告诉自己：我的人生中只有两条路，要么赶紧死，要么精彩地活着。

他于是又惊人地选择了钢琴。弹好钢琴对一个完好的人来说都是一件困难的事情，更何况对于一个没有双臂的人。他该怎么弹呢？没有双手，他就用脚练习弹钢

琴。仅仅用了两年时间，他就带着他的钢琴曲走上了所有音乐人都梦想登上的舞台：维也纳的金色大厅。"要么赶紧死，要么精彩地活着"！他的励志故事被拍成了电视剧《我的灿烂人生》和电影《最长的拥抱》，首本自传录《活着已值得庆祝》得以出版……

我们并不知道他付出了多少努力，或许只有他自己懂得，但我们知道他的信念铸就了他人生中无坚不摧的力量！

那什么是信念？它对人生到底有着怎样的影响呢？

信念是人们在一定认识的基础上确立的对某种思想或事物坚信不疑并身体力行的心理态度和精神状态。

科学研究表明：人类 95% 以上的行为都是按习惯产生的，信念的力量之所以强大，是因为 95% 以上的行为会按照信念的指挥而产生。所以，一个人如果信念出现了问题，那么他 95% 的行为也会随之出现问题。

成功者之所以成功，是因为他们总是以积极的信念支配人生，而失败者却恰恰相反。

有什么样的信念，就会有什么样的人生。

相信大家都听说过放羊娃的故事。有人问放羊娃："你放羊是为了什么呀？""为了卖钱。""那有了钱之后呢？""娶媳妇。""娶了媳妇之后呢？""生孩子。""孩子长大了之后呢？""接着放羊。"在这样的人生信条指导下，命运的轨迹会进入到一个无限循环的怪圈。

虽然现在农村放羊的人少了，但是部分人的命运却又陷入另外一个怪圈：辍学—打工—挣钱—娶媳妇—生孩子—辍学—打工—挣钱—娶媳妇……如果没有特别的信念，可能真的很难打破这样的人生轨迹的怪圈。

但我有一个高中同学，她出生在农村，高中刚入学时成绩不好，在一次被老师批评之后，她就对我说："我就不相信我念不好书，成不了优等生！"

从那时起，她开始发奋学习。功夫不负有心人，我高考考上了华中师范大学，她考到了武汉大学。大学毕业后，我出来工作，她又继续攻读硕士，后来又读了博士。现在，她在一所大学里当教授。

这么多年，她沮丧过，失落过，唯独没有想过放弃，因为她一直坚信自己是可以的。也正是这种力量一直支撑着她，让她一路向前，永不言败，才有了今天的成就。

中考、高考是普通人改变人生轨迹的机会，需要拥有强大的必胜信念。

对于广大学子来说，想要克服学习道路上的种种困难和挫折，取得学业的成功，也需要树立强烈的信念和信条。比如，我的信念就是"今天的自己比昨天的自己更优秀"；再比如，张海迪虽然身患高位截瘫，但她始终怀着"活着就要做个对社会有益的人"的信念，以顽强的毅力与疾病作抗争。她不仅通过自学取得大学本科和研究生学历，还以个人经历为原型创作出长篇小说《轮椅上的梦》，影响了一代人的精神世界；她的小说《绝顶》获得了中宣部"五个一工程"图书奖；她还先后翻译了数十万字的英语小说，编著了《生命的追问》等书籍，在文学领域取得了令人瞩目的成就。此外，她还为推动中国残疾人事业进步作出了杰出贡献，不仅担任过中国残联主席、中国肢残人协会主席、康复国际主席，还担任了北京冬残奥会中国体育代表团团长等职。她的著名语录有："活着就要做个对社会有益的人""我们活着，就要为人民做事""只要心还在跳，就要努力学习""即使翅膀断了心也要飞翔""即使跌倒一百次，也要一百零一次地站起来"……

1.3.6　好习惯成就好人生

《管好自己就能飞》的作者吴牧天，从十七岁生日开始养成每天写自我管理日记的好习惯。他每天从主题关键词（即以最精练的语言总结当天的主要内容）、今日最大收获（即将当天的进步或感悟、值得以后坚持和强化的地方记录下来）、今日反思和改进（即反思需要改进的地方，或从他人身上能借鉴的教训）、明天的计划和安排（即对明天要做的事情，一定要提前做好安排）四个方面进行总结，写自我管理日记，如下图所示。

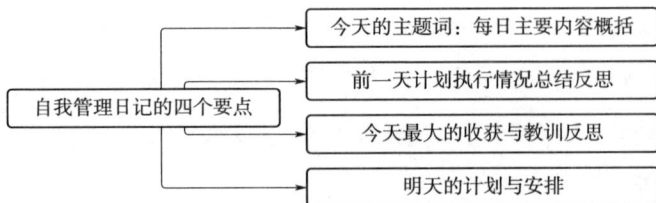

自我管理日记的四个要点
- 今天的主题词：每日主要内容概括
- 前一天计划执行情况总结反思
- 今天最大的收获与教训反思
- 明天的计划与安排

习惯具有强大的力量。有调查表明：人们 90% 的日常活动都源自习惯和惯性，大多数的日常活动都只是习惯而已。

教育家叶圣陶先生说："教育是什么？简单来说，只需一句话，就是要养成良好习惯。"

一个人是否优秀就看他的习惯如何，是否成功就看他有没有一些好习惯。

社会上那些知名人士为什么能够成功？因为他们都具备一些很好的习惯，比如：按时早起，勤奋努力，爱好阅读，喜欢思考，善于总结……

而有些人的习惯是什么呢？比如：赖床睡懒觉，做事不专心，不爱阅读，不喜思考，盲目从众，回家看电视机或打游戏……

正如俄国教育家乌申斯基所说："好习惯是我们存放在神经系统中的资本。如果你有了好的习惯，你就享受不尽它的利息；如果你有了坏习惯，你就偿还不完它的债务。坏习惯能以它不断增长的债务，让你最好的计划破产！"

那作为中学生，我们需要养成哪些良好的学习习惯，才能使我们的学习既有效率又轻松自在呢？

1. 提前预习课本。

提前预习，是培养自主学习能力和提高听课效率的重要途径。提前预习课本，研究课本，自主查找资料，争取理解新知识，把握重点，发现疑难点，从而掌握听课的主动权，使听课更有目的和针对性，才能更好地提高听课效率，做到在课堂上理解消化知识（关于预习的具体方法，可见"5.1 有效预习：高效学习和提升成绩的起点"的详细讲解）。

2. 上课认真听讲。

学生在学校获取知识最主要、最有效的途径就是课堂。上课要集中精神，跟随老师的思路，专心听老师讲解，边听边思考，并做好课堂笔记，争取当堂知识当堂消化，突破重点难点、弄清疑惑点。如果有不懂的地方一定要做好标记，下课及时问同学、问老师弄懂，做到问题日日解决。

3. 积极思考、善于提问。

"学而不思则罔，思而不学则殆""学贵有疑，小疑则小进，大疑则大进"，学习贵在思考，善于提出问题。提问是主动学习的表现，能提出问题的学生一般是学习能力很强的学生，是具有创新精神的学生。善于思考，提出问题并解决问题，将来也才能更好地适应日新月异的现代社会。

4. 独立完成作业。

做作业的目的是巩固和灵活运用所学知识，培养独立思考能力，而不是为了向老师交差或者应付家长。

有的同学做作业的目的不明确，态度不端正，采取"拖、抄、代"等，会做的题马马虎虎，不会做的题不去动笔做，这些不良习惯严重影响了学习的效果。

所以，我们对老师布置的作业也要高度重视，要通过独立完成作业，灵活运用所学知识解决问题，达到深入理解知识和提升能力的目的。

5. 仔细认真审题。

很多时候，学生做错或没做好的题其实并不是不会做，而是在审题上出现了问题，要么没看全题目信息，要么看错题目信息，从而导致做题思路出现了偏差。

审题能力是学生多种能力的综合体现。仔细认真审题，准确把握题目所给的每一个信息和条件，才能正确做题（关于审题的具体方法，可见"9.4 做题方法：几个'万能做题法'，是能够获取高分的有效解题法"与"9.5 思维模型：建构严谨高效分析试题的思维模型，让得高分不是梦"有关审题的详细讲解）。

6. 练后及时反思。

有些同学做完作业和练习，就以为大功告成了。其实，做完作业和练习之后，更重要的是反思总结，从而深化理解知识，以便更灵活地运用知识来解决问题。

一般来说，习题做完之后，对于题目，特别针对错题，需要从这些方面进行反思：题目考查的知识点是什么？出题人是怎样考查的？题目有哪些条件和信息？正确的解题思路是什么？我当时是怎么想、怎样做这道题的？与正确的解题思路相比较，问题出在哪里？以后做题怎样规避这些问题，从而找出正确的解题思路？针对数学等学科，还要考虑有无其他方法、哪种方法更好，尽量多想几种方法，培养和拓展自己的思维，提升解决问题的能力。（关于习题总结与反思的具体方法，可见"8.6.2 写完作业之后的具体操作流程"的详细讲解）

7. 整理错题集。

要把有疑问或是弄错的地方随时写下来，自己思考或问老师、问同学及时弄懂。对于有价值的错题要及时整理到专门的错题本，注意归类研究同类题的共性，相似题的异同，不断总结解题方法和解题技巧。

以下图片就是我要求学生整理的有关"政治生活同类题：《……法》的通过是如何体现我国民主政治的"通用答题角度，这类题型的共性很明显，我和学生一起进行了如下图所示的总结。当然，我也一再向学生强调思维一定不能僵化，考试时还应结合具体问题和材料进行选择性运用和灵活变通。

8.适时地复习归纳。

复习要遵循规律，必须及时，否则超过了人的记忆极限点再去复习，将花费更多的时间，而且效果也不好。因此，必须适时地复习归纳。对记忆性知识的复习，每一遍的复习用时不需多，但反复的次数一定要多，以不断加深印象，形成长久性记忆。

每节课后必须对当堂所学的知识进行归纳总结，从而形成完整的知识体系；每天把当天所学的知识复习一遍；每周再对各科所学知识做一个总结。一节学完之后要复习总结一下；一单元学完之后需要进行单元总结；一本书学完之后需要对整本书进行归纳梳理总结，使学到的知识系统化、规律化、结构化，才能在考试中灵活运用，做到举一反三，从而更好地解决问题。（关于复习的具体方法，可见"第六章 消化吸收：做好笔记和复习，高效吸收所学"的详细讲解）

总之，良好的学习习惯不仅可以提升学习效率，取得好的学习效果，还可以培养和提升你各方面的素养和能力，比如思维能力和解决问题的能力等，从而使你终身受益。

第 2 章

优秀学子的共性经验总结：高效学习的必备五项

来自同学们的困惑：

"普通生和优秀学子的差距到底在哪儿？"

"优秀学子的厉害之处究竟在哪里？"

"我是否也能成长为优秀学子？"

2.1　最佳学习心态：不在乎成功与失败，只在乎不断成长

2.1.1　通往高阶的最佳学习心态

我在自己的学习生涯中面临过一次比较严重的心理压力。

那是在高三下学期的三月份，我的一模考试成绩突然倒退至班级倒数第十名，而我平时的成绩一直稳定在前三名。巨大的落差让我的心态几近崩溃，精神都变得有些恍惚了。白天上课时老师讲的内容虽然在耳边响起，但根本没有听进脑子；晚上也睡不着觉，始终感觉好像有一块石头压在心上。

我知道自己绝不能再这样下去，必须想办法尽快从这种状态中走出来。于是我想了这样三个方法：

1. 查找和我相似经历的人的事例，看他们是如何从这种状态中尽快走出来的。

我当时把《在北大等你》《在清华等你》《青年文摘》《读者》中有关高中经

历挫折又走出困境的文章看了个遍，重点学习他们是如何走出困境的。

2. 找班主任倾诉心理压力，寻求他的帮助。

我们当时的班主任赵老师告诉我："你正处于人生的低迷期，每个人都会经历人生的低迷期和高潮期，你只要尽快地走出低迷期，学习生活就能恢复正常。"他还建议我："你要把每次考试都当成进步的台阶，而不是把关注点放在自己没考好的成绩上。你现在只要把手旁的事情做好，从这次考试中总结经验和教训，及时改进，包括及时调整心态，就一定能尽快地摆脱你目前这种局面。"他亲切磁性的声音直到现在还在我的耳边回响。

3. 每天坚持跑步。

因为我发现跑步也能减轻心理压力，所以我坚持每天都抽出一段时间来跑步，既能减轻压力，还可以强身健体。

经过一段时间的调整之后，我很快又重新走上正轨，二模考试我的排名上升到班级中上水平，高考我更是发挥出自己的最佳水平。

我的亲身经历告诉我，通往高阶的最佳学习心态是：把每个知识点的学习、每天的学习、每次考试，都作为自己进步成长的台阶！不去在乎成功和失败，而是把关注点放在自己不断进步和成长上。

2.1.2 一切成功者共有的心态

这其实也是一切成功者共有的心态：不畏惧失败，把每一次失败都作为成长进步和通向成功的台阶。

新东方创始人俞敏洪，有三次高考经历。1978 年的第一次高考，他的英语只考了 33 分，而他报考的常熟市师专的外语录取分数线是 38 分。1979 年再度参加高考，他的总分过了录取分数线，但英语没过常熟师专的录取分数线 60 分，只考了 55 分，他再度落榜。后来他参加了一个专门针对外语的高考辅导班，拼命学习，将自己的高考英语成绩考到 95 分，高考总分 387 分，当年北大的录取分数线是 380 分。就这样，他考上了北京大学西语系，并在毕业之后留校任教。1991 年，他从北大辞职，1993 年创办了北京新东方学校，后来创立了新东方教育集团。国家"双减"政策实施之后，他又积极探索企业的转型之路。他说："哪怕是最没有希望的事情，只要有一个勇敢者去坚持做，到最后就会拥有希望。"

由此可见，在成功人士的人生字典里，从来就没有失败二字，所有的挫折和经历，都只是通往成功的垫脚石。

2.2　必备思维："复盘"思维，能让学习获得更快提升

2.2.1　"复盘"思维是优秀学子们共有的思维

我校一名 2004 年考上清华大学的学子，在《致母校学弟学妹的一封信》里谈及"吾日三省吾身"，不仅是修身养性，学习也需要注意时刻反省，对于高三学习同样适用。吃饭时、走路时、睡觉前、晨跑时，一切不能用来学习的时间都可以用来反省总结复盘。

我校 2004 级一名考上中国政法大学、后来保研到北京大学的学子，进行经验分享时谈及自己从高二开始写日记，经常复盘总结反思记录，这个习惯也一直保存到现在。

有人说：复盘思维，可能是唯一一个可以经过后天训练，填平智商差距的思维能力。

复盘是思维上对事件的重现，通过对过去进行回顾和反思，从而发现问题，汲取经验教训，并寻求更好的解决方案，从而实现对未来的提升。

有效地复盘，能锻炼一个人透过现象看本质的能力，推动大脑进行深层次的思考。而没有复盘意识的同学，学习不讲究方法，同样的题型反复做反复错，学习成绩要么徘徊不前要么波动不稳。因此，想要成绩稳步提升就必须具备复盘思维和复盘能力。

2.2.2　"复盘"思维也是成功人士共有的思维

北京科技大学博士研究生导师赵晓老师曾表示,复盘是一种非常有效的学中干、

干中学的方法。"复盘之后，将得到的方法以及经验投入到随后的事情中，然后在随后的事情中继续复盘，这样就形成一个：复盘—提高—复盘—提高的正向循环，从而促进我们能力不断地提升。"

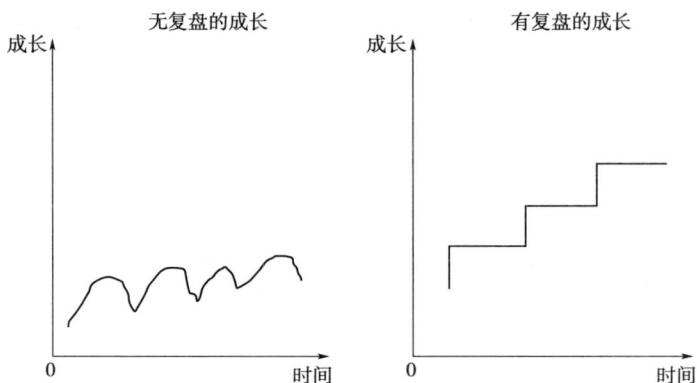

由此可知，拥有复盘思维和养成良好的复盘习惯，不仅让我们的学习能力稳步提升，甚至对我们以后的工作和生活都大有益处。

2.2.3　我们应该如何复盘

我们应从日常复盘和考后复盘两方面入手。

第一，日常复盘。

俗话说，每日睡前做的最后一件事，可以决定第二天人与人之间的差距。日常复盘，我们可以放到每日睡觉前进行。睡前复盘，并不是事无巨细地回忆一天发生的所有事情，而是要有针对性地做回顾。具体来说，可以从这样三方面进行：

1. 对知识点进行复盘，如回忆某些知识点和知识体系等，从而找到自己掌握欠缺的知识点，并及时加以弥补。

2. 对自己一天的课堂学习进行复盘，总结当天的得与失。

3. 明确第二天学习的重点和要点，做一个简单的计划。

当然，复盘的时间不要过长，以二十分钟左右为宜，不要挤占自己的正常睡眠时间。

第二，考后复盘。

1. 对错题和好题进行复盘。

先从错题入手，要深入分析每一道错题错误的知识原因、能力原因、解题习惯原因等。针对每一道错题的整理，最好能完成如下内容：

（1）所错的习题（摘抄或复印之后粘贴原题）。

（2）考试时是什么情况导致的错误。

（3）真正错误的原因及解决对策。

（4）正确的答案和解题过程。

（5）考查的知识点。

（6）怎样运用这一知识点解决这道题。

（7）这道题有没有其他解法。

（8）这道题所代表的类型题有什么共性规律及解法。

特别提醒："错因"不能笼统地填写"马虎、不认真"这类词，一定要作进一步分析，可参见"8.6.2 写完作业之后的具体操作流程"中"复盘反思错误原因"这一小节。

只有真正抓住问题的本质，才能在以后的做题中有针对性地改进。

此外，除了分析错题，更要分析好题。

大家普遍关注分析错题，但却鲜有人提及分析好题。事实上，在各类考试中，常常会出现一些能够引发思考的典型好题。如果因为自己没做错而没有将这些典型的好题记录下来，也没有深入挖掘背后隐含的知识和思维方法，是非常可惜的。可以简要记录这些好题的题干及对自己的启发；如果是教辅资料中的好题，尤其是压轴题，也可以直接将它们剪下来粘贴到自己的好题本上。

2. 对整张试卷进行复盘。

要想获得更快提高，还需要对整张试卷中各个题型的得分失分情况进行整体分析和反思复盘。

本次考试每一道题所考查的知识点分别是什么？它是怎么考查的？怎样才能做得更好？

本次考试有哪些题型？哪些题型是第一次见？每类题型有什么特点和共性规律？相应的做题方法是什么？

哪些题是考查基础知识的？哪些题是考查能力的？考查了什么能力？怎样训练提高自己这方面的能力？

哪些题自己做得好？经验是什么？自己在哪些题目和知识点上丢了分？丢分数的原因有哪些？今后应该怎样避免？

…………

这样细致地反思复盘，刚开始可能会觉得比较烦琐，但一旦适应这种分析方式后，就可以大幅提升自己的学习效率和应试能力。

当然，初、高中考试频繁，不是所有的试卷都值得这样细致地去复盘。建议选择期中、期末以及大型联考卷进行仔细复盘。

3. 对"看不见的"考试心态及考试习惯复盘。

对考试过程中"看不见的"所思所想和心态的复盘也很重要，因为它会直接影响到你实力的正常发挥。

每次大型考试后，建议你第一时间找个安静的地方坐下来写"考试心态复盘"：回顾、记录和分析自己在考试前、考场上的情绪和心理状态。如果本场考试时的状态不好，思考该如何调节来保持相对好的状态。

总之，养成复盘的思维习惯，可以让你最大限度地发挥自己的优秀潜质，将事情做到更完美，从而不断提升自己的学习成绩和学习能力，不断地进步与成长。

2.3 必备素养：一旦拥有，成为优秀学子就只是时间问题

2.3.1 目标明确

中考和高考需要策略，盲目地学习只会花费大量时间却没有多少效果。中、高考策略的第一步就是要明确自己的目标，因为有了目标才会有动力，才会专注于自己的目标进行学习，才会在遇到困难时不轻言放弃，才能战胜自己的疲惫和懒惰，

才能不畏艰辛，勇往直前，也才能做到有的放矢，提高学习效率，并取得好的学习效果。

想要取得高考的成功就要首先给自己确立一个大的目标，比如说我们的目标是想考上清华、北大或者其他 985 大学，然后我们需要寻求达成的路径：高中就要考上一个重点中学，平时的大型考试要进入班级前五。平时的每一节课都要用心认真听讲，争取做到当堂课的知识当堂掌握。每一次作业都要认真完成，真正掌握好每一个知识点，弄懂、弄清每一道题等。

我们要将大的目标分解成可以实现的一个个小目标，运用化整为零的方法，让目标变得具体可行。

这里需要提醒大家注意的是：在将大目标分解为小目标时，一定要明确地规划时间，时间规划得越详细越好。比如，"我要背 50 个单词"，就可以转化为"我要在 1 天内背 50 个单词"，有了时间的限定，目标实施起来就会更有动力。还可以将"我要在 1 天内背 50 个单词"的目标，继续拆分成"我要在中午 12 点之前利用空闲时间背 20 个单词，中午吃完午饭后背 10 个单词，晚上上床睡觉前背 20 个单词，并复习一下之前背过的单词"。有了更详细、更细致的时间节点，我们行动起来就能更迅速、目的更明确，效率也更高。

有关目标的设定及达成，可参照"1.3.3 目标有着巨大的导向作用"；有关学习目标与学习计划的制订，可参照"4.2 做好学习计划：可以让有限的时间变得更高效"。

当我们完成了一个又一个的小目标后，难道还实现不了大目标吗？

2.3.2　自主自律

我校 2004 级的一名优秀学子，从初中毕业入校时数学成绩只有几十分，到高考却考出了 143 分的高分成绩，这背后就是三年间每天固定一小时数学补差学习的自主自律。

我校 2012 年高考以超出重点线 81 分成绩被北京外国语大学录取的一名学子，在为学弟、学妹们介绍学习经验的《以梦为马》一文里，提及她的高中学习和生活，她每天都会在计划表上列出很多项目，每做完一项就划去一项。不仅在高三寒假期间，就连大年初一也在坚持学习。她说自己并不是一个特别聪明的人，和大多数选择理科的女孩一样，数学是她的"老大难"。但她在不到一年的时间，做了满满一大本数学错题集，把每道题都标上了解题思路和考点，每道题都被她细心地看过不止一遍。终于量变带来质变，她不再惧怕数学考试，她感觉"那些数学题目都变成了老相识"……

心中有明确的目标，行动上有勤奋和自律，是大部分成功者能够取得成功的原因。

自主自律的人生可以让人畅行无阻；而不自律的人生就像一路红灯，阻碍前行，处处碰壁。

为什么现实生活中有的人过得激情满怀、活力四射，而有的人却总是烦恼丛生，心生埋怨和不满？主要原因正在于此。

其实，只要我们给自己树立明确的目标，制订好实施计划，并用实际行动每日脚踏实地去努力去践行，我们也完全可以成为别人眼中的自律者、优秀人士、成功人士，我们的人生也可以一路畅通。

不信？那就试试吧！

2.3.3　热爱学习和思考

我校 2004 级的一名优秀学子，在给学弟、学妹们的《恰同学少年》一文里，写道："当一个人潜心向学时，他的力量是无穷的！"高中时，他每天清晨拿着钥匙，迎着晨光，幸福地第一个冲进教室，开启一天充满激情的学习之旅。他觉得高三是一段激情燃烧的岁月，感觉自己似乎每天都"精力过剩"，像个快乐的"学习机"，早上跑步前的十来分钟，他会拿个小本背英语单词；课间一有时间，他就会和同学互相提问；晚饭后的时间会去实验楼找个安静的地方背半个或一个小时的政史地；晚上归寝还要带本数学资料"偷偷"地打手电做一会儿题。他觉得这样的学习生活忙碌却充实，自己始终"劲头十足"。

我校 2009 级一名考上清华大学后来又留学美国国家橡树岭实验室的学子，说自己一直都持有一个观点：要专注地做好每一件事，学要学得专注、学得漂亮；玩也要玩得专注、玩得精彩！在学校有很多人说他很厉害、很聪明，他说他承认自己不笨，但其实别人没有看见他学习时的专注和用心思考。

大家从以上优秀学子的事例中可以看出他们对学习的热爱与专注，积极主动地学习与思考，这也正是他们能如此优秀的原因。

据我近二十年的教学生涯观察，大部分同学对待学习持有无所谓和完成任务的态度，要么觉得学习好坏无所谓，要么觉得学习是一项苦差事，但作为学生又不得不完成任务。从学校经常出现老师一再催交作业的场景就可以窥见一斑。

而那些优秀学子们由于对学习有着自己的兴趣和明确目标，有着强烈的好奇心和求知欲，对于学习，他们往往乐在其中，专注沉迷，爱动脑思考。尽管中间有时可能会遇到挫折和挑战，但他们都会想办法克服。也因此，学习给了他们回馈和荣誉，而这些成就感又进一步促使他们更加热爱学习和思考，从而进入到学习良性循环模式。

否则，无视或忽略学习中的乐趣，对学习没有兴趣也没有明确的目标，就会导致不想学习或者讨厌学习，从而觉得学习是痛苦煎熬。在这样的状态下学习是难以获得好的学习效果的，而没有好的学习效果，就会对学习感到挫败，进一步丧失对学习的兴趣，更加不想学习或讨厌学习……

学习的良性循环模式与恶性的循环模式如下图所示。

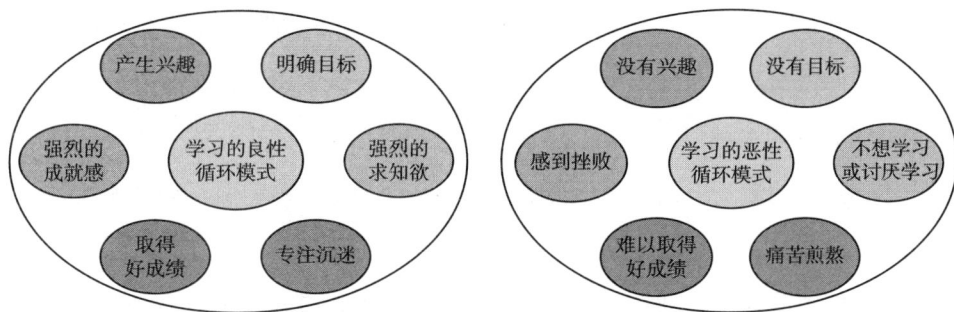

因此，我们要注意通过阅读、实践和思考等手段，积极培养自己对学习的兴趣和热爱，树立明确的学习目标，从而用心专注学习、积极思考与探索，不断破解学

习中的一个又一个难题，勇攀学习高峰，最终到达自己理想的殿堂。

2.3.4 复盘反思、总结改进

我校 2017 级考上清华大学的一名体育生，提到自己有坚持写日记的习惯，他每周都会写四篇日记记录他自己训练的感受和身体情况。他觉得写日记对总结现在和下个周期的训练安排都很有帮助。他建议学体育专业的学弟、学妹们，可以把平时自己未完成的学习和训练任务记录下来，然后调整接下来的计划并努力完成，坚持这样做可以随时监测自己的训练效果。

我校 2019 级考上北京大学的一名学子，介绍自己的学习经验，"纠错时一定要写总结，只纠错不总结等于零""复习错题比刷新题更重要，错过的不再错等于几乎无敌"，他还提到如何检验效果："能随时说出近段时间纠错的收获"。他自己养成了每三周左右反思和总结自己的学习状态、精神状态、计划完成度等方面的习惯。

子曰："吾日三省吾身。"无论体育训练，还是学习、工作，抑或是修身养性，复盘反思，总结改进，都是不断精进自己的好方法。

外在的知识和经历的事情，都要通过自己的理解、思考和实践，才能内化成为自己的知识和能力。而复盘反思、总结改进，就是不断提升自己知识和能力的最佳方法。

每日的复盘总结，能够让我们清晰地看到自己每天的收获和进步。

比如：我们可以在每天结束前，抽出 5~10 分钟，对当天的学习生活进行复盘总结，可以写成日记，也可以列成提纲，总结一天所做的事，找出改进的措施，并做出第二天和后期的规划。

当然，这样的复盘总结，要尽可能简洁明了，最好在睡前做，切忌太复杂，影响到正常的休息。

当我们能够清晰地看到自己每天的收获，就能不断增强对学习的信心，通过总结反思及时了解自己的得失和优劣势，就能减少时间的浪费，让自己的复习备考更高效，效果也能更显著。

2.3.5 热爱运动和阅读

我校 2009 级一名考上清华大学的学子,提到自己在紧张的高中学习生活中,会经常抽出时间打篮球。他说篮球在他的生命里扮演了很重要的角色,他从打篮球里领悟到不少东西:运动的激情,团结的精神,永不放弃的坚持。直到高考的前两天,他还去打篮球,以放松紧张的心情。他说自己只要有什么不顺心的事,如果能酣畅淋漓地打一场球,一切都会过去,他仍然还是那个快乐的自己。

有人研究了近几年的高考优秀学子,发现他们有一个共同的秘密:爱运动。在 2016 年统计的全国 63 位优秀学子中,有 34 位喜欢体育运动。2017 年调查的 42 名优秀学子中,24 人爱好运动。2020 年统计的全国优秀学子中,超过一半的优秀学子喜欢体育运动。其中,跑步、羽毛球、足球、乒乓球最受欢迎。

为什么爱运动学习也会更好呢?

脑科学家洪兰指出:运动会促进大脑神经元的连接,连接越恰当越聪明。

美国一项名为"零时体育计划"的研究表明,运动有助于提高学习效率。芝加哥一所中学要求学生每天 7:00 到校就开始跑步、做运动,在心跳达到最高值时再开始上课。最初这项计划遭到很多学生家长反对,因为孩子不仅要早起,还要一大早就做剧烈运动,家长们都担心孩子们到了上课时会打瞌睡,影响听课。但实验的结果却证明,孩子运动之后上课不但不会睡觉,精神状态反而比之前还要好,上课变得更专注了,记忆力也增强了,情绪也更稳定了 [1]。

体育锻炼对学生智力的影响

锻炼频率	人数	提高记忆力	提高观察力	提高思维力	提高注意力	提高学习效率
经常锻炼	85	55.56%	44.44%	51.05%	57.69%	45.44%
有时锻炼	99	25.42%	24.14%	29.31%	36.21%	40.68%
很少锻炼	23	35%	5%	10%	30%	20%

其原因可以在哈佛学院教授瑞迪所著的《运动改造大脑》一书中找到答案。这

---

[1] 资料来源:《脑科学研究:把时间"浪费"在体育运动或者跑步上,学生成绩反而会提高》(《光明日报》教育家杂志社《教育家》2019-10-4)。

本书中提到运动可以增加人体内的血清素、去甲肾上腺素和多巴胺水平，血清素可以释放压力，提高孩子的记忆力，而肾上腺素可以提高专注力，让孩子听课变得更专心，多巴胺则被称为大脑中的快乐因子，有助于让孩子保持亢奋的学习状态。这三种物质的合理分泌，不仅能提高人的大脑的认知能力，增强学习的效果，对稳定人的情绪也有很大的帮助。

所以，要想学习好，体育运动必不可少。

另据 2017 年澎湃新闻对全国高考优秀学子发放的问卷调查结果显示：高考优秀学子们对阅读的爱好，在问卷中"平时除了学习喜欢做什么"的各个选项中占比最高，80% 的优秀学子都喜欢看书。

选项	小计	比例	
运动	26	65%	
看电视电影	25	62.5%	
听音乐	30	75%	
看新闻	16	40%	
看书	32	80%	
画画	8	20%	
玩电子游戏	14	35%	
旅游	5	12.5%	
其他爱好	12	30%	

平时除了学习喜欢做什么？ ▮多选题

本题有效填写人次40

我校一名考入北京大学光华管理学院的学子，认为劳逸结合才是科学的学习方法。他说他的业余时间很大一部分都用于看课外书。阅读课外书并没有对他的学习造成负面影响，反而提高了他的文学素养和知识面，开阔了他的视野。

我校另一名 2019 级的优秀学子，也提到自己从小到大都喜欢阅读，她说自己对读书最大的感悟就是：大量深度阅读给自己带来了思维的改变，提升了自己的认知水平。这比"刷题"更重要！

著名教育家苏霍姆林斯基说："30 年的经验使我深信，学生的智力发展取决于良好的阅读能力"，"谁不善阅读，他就不善于思考"。

从功利的角度看，阅读可以帮助我们积累作文素材，提升语文分数；但从更长远的角度看，阅读能拓宽我们的视野，提升我们的境界，扩大我们的格局，深化我们的思维，丰盈我们的内心，强健我们的精神。

让我们爱上运动和阅读吧，一个能增强体魄，一个能滋养灵魂，它们都是我们生命健康所必需的活动！

2.4　必备工具："镰刀"与"收割机"的效率不可同日而语

2.4.1　成为优秀学子必备好工具

在学习进阶的路上，我们不仅要树立正确的学习态度和心态，还要转变优化自己的思维，更要脚踏实地用必备工具进行点滴的学习、积累和提升。这些学习上的必备工具，就像农民种地、工人做工、战士打仗需要装备一样，好的工具和装备能极大地提升效率，效果也能更好。镰刀和收割机的效率是不可同日而语的，学习亦然。

那么在成为优秀学子的路途上，到底需要哪些必备的好工具呢？

我认为你需要必备：课本、精选试题、笔记本、积累本（也可细分为错题本、好题本、难题本、素材本）、疑问本、每日总结提升本、日记本、小卡片、专题研究本。

当然，如果你觉得太复杂，也可以将疑问本和小卡片合二为一，小卡片不仅可以用来写英语单词，也可以随手写上自己的疑问与思考；每日总结提升本与日记本可以合二为一，在日记本上既可以写日记，也可以写每日总结与改进措施。

总之，我们完全可以根据自己的实际情况和喜好来进行具体操作，但在成为优秀学子的道路上，这些都必不可少，它们是你学习进阶的有效载体。

2.4.2　怎样更好地利用这些必备工具

1. 课本。

课本是最重要的学习工具，因为考试就是以课本为基础，考查学生对课本知识的理解和运用的。所以，一定要充分利用好课本、吃透课本，这也是成绩优异的学子们一再提及和强调的。真正弄懂、弄透课本的每个知识点，并将零散的知识点形成知识网络体系，从而融会贯通，将课本知识有顺序、有条理地存储到自己的脑海，成为自己做题时能随时调用的工具。

2. 精选试题。

精选试题包括老师平时布置的作业题、针对自己薄弱知识点和薄弱环节所选的试题、期中试题和期末试题、名校联考试题、中考或高考真题，充分利用好这些试题，真正吃透每一道题以及题目所考查的课本知识点，要注重通过同类型题去总结一类题的做题规律和方法，总结归纳各类题型的出题特点及做题模板，通过做套题来总结做整套题的策略方法。总之，做精选试题并不断地进行复盘总结，能极大地提升自己的解题能力和应试能力。

3. 笔记本。

利用笔记本做好笔记（当然有的学科可以将笔记写在书上），能帮助我们更高效地吸收老师所讲的知识，更好地理清重难点、易混易错点知识，集中注意力，提升课堂效率，并能帮助我们更高效地复习和记忆，从而提升学习力。至于具体如何做笔记，可参照"6.3 两种经典笔记法：高效笔记才能助力更高效地学习"。

4. 积累本（也可细分为错题本、好题本、难题本、素材本）。

学习知识是一个点滴积累的过程，通过积累本（也可以细分为错题本、好题本、难题本和素材本），不断地积累和复盘，从而不断地提升自己的能力和水平。

错题本，顾名思义就是积累错题的笔记本；好题本，就是积累典型好题的笔记本；难题本，自然是积累难题的笔记本；素材本，主要是针对语文和英语的积累，诸如语文的字词句、文学常识、作文素材积累；英语的词汇、句型、语法的积累等。

通过对错题、好题、难题的积累，反思复盘题目关键的条件信息和问题，挖掘背后隐藏的信息和条件，提升自己的审题能力；反思复盘自己的解题思路，对比题目答案的思路，找出自己的思维堵点和有欠缺的地方，从而不断优化和完善自己的解题思路；积极思考还有没有其他更好、更简洁的解题方法；对于一类题目而言，要善于总结和研究它们的共性，总结出做一类题的规律和适用范围，或者由一道题的巧妙解法推而广之，通过总结变成一类问题的通用解法。

素材本的利用，主要在于日积月累，平时只要看到好词好句好段，或者文学常识、作文素材，英语新词汇、典型句型和英语语法等，就随时摘抄记录下来，当然后期还可以进行分类整理。相信日积月累一定能积水成河、聚沙成塔。

5. 疑问本。

疑问本也是优秀学子们的必备工具。他们会专门准备一个疑难问题本，将自己不会的东西都记在上面，随时请教老师和同学，直到弄清楚为止。把握重难点、弄清易混易错点、掌握疑难点，正是优秀学子们能不断提高学习成绩的奥秘所在。

6. 每日总结提升本。

利用每日总结提升本，可以从这样几个方面进行每天的总结和改进提升：一是对自己每天所学的各科知识进行提纲式回顾和总结；二是对自己每日的进步和收获进行总结；三是对自己学习和为人处世方面存在的不足和问题进行总结反思，并找出相应的改进措施；四是对第二天需要做的事情提前做好规划和安排。只要坚持利用每日总结提升本，每天都有进步，每天都有总结，每天都有提升，你进步和成长的速度将是惊人的。

7. 日记本。

日记本，也可以称为随笔本，主要是随时记录自己的所思所想、所感所悟，不仅对于提升自己的文笔和写作水平有帮助，也可以更好地理清自己的思路，提升自己的思维水平和思维能力。如果和每日总结提升本相结合，还可以帮助自己更好地管理自己每日的时间和事情，从而更高效地学习和生活，取得更快、更大的进步和成长。

8. 小卡片。

小卡片主要是用来写当天需要背的英语单词和句子，语文需要背的诗词、名言或段落，政史地需要背的主观题知识点等，可以随时拿在手上，利用零碎的间隙时间，背诵需要记忆的内容。当然也可以和疑问本相结合，在小卡片上随手写上自己的疑惑和问题，以防止遗忘，方便及时查阅资料或问老师、问同学弄清楚。

9. 专题研究本。

利用专题研究本，对自己各科学习中的专题进行研究，能极大地提升自己的学习能力和研究能力。

可以利用专题研究本对语文的字词运用、诗歌鉴赏、阅读理解、作文写作等题目分专题进行研究；对数学的代数、平面几何、立体几何，或者分为更细的专题如方程、等比数列、等差数列、圆、椭圆、双曲线等进行研究；对英语的语法、完形填空、阅读理解、英文写作等进行研究……

例如对诗歌鉴赏题目进行研究之后，可以总结出共性的答题模板：这首诗运用了（表达方式、表现手法、修辞手法）技法，写出了（意象）的（某某）特点，表现了（突出了）（某某）思想、感情，起到了（某某）作用。

具体到各个学科、各类题型，答题的模式和技巧各不相同，因此很有必要进行专题研究和总结。在研究和总结的过程中，自己的学习能力，还有自己的研究能力、思维能力及水平，都能得到很大的提高。

总之，这些好工具可以助力你不断地进阶成长，从而极大地提升自己的学习能力和学习水平。

2.5 "深度学习"：与"假学习"效果的天壤之别

2.5.1 什么是"假学习"以及怎样克服"假学习"

测一测：你有没有以下这些行为表现？

1. 老师讲到哪儿你听到哪儿，或者老师讲到哪儿你做笔记做到哪儿，但听了一节课还不知道老师讲了些什么。

2.每天匆匆忙忙、疲于应付上课和作业,并不清楚自己学了哪些知识。

3.写作业一旦遇到不会的题,思考一分钟后就放弃,开始看答案解析。

4.对于基础题,很多时候感觉会做,但就是没按老师要求静下心来踏踏实实地做一遍,所以一到考试就马虎出错。

5.喜欢跳过难题。同样的一小时里,优秀学子会用来思考自己不会的题,而你则愿意做早就会的题,还自我感觉良好,成就感满满。

6.自习课上,英语还没弄清楚,就去看数学,突然又想起语文的一个知识点没弄懂,于是又赶紧去翻语文书。结果很快一节课的时间就过去了,但却感觉自己什么都没学好。

7.在错题本上把试卷上的错题整理得工工整整,一道一道完整地誊抄,却没有真正地对错题进行反思总结,也从不花时间复习。

8.把熬夜学习当成光荣,晚上比别人多学一个小时,但却在白天犯困十个小时。

9.把时间都花在自己喜欢的科目上,对于自己不喜欢的科目、弱势科目内心排斥,不想学就不学。

10.寒暑假也没有明确的目标和计划,能把老师布置的作业参考着答案写完就觉得已经不错了。

你如果有以上一项或几项行为或表现,就需要注意和警惕自己的学习到底有没有浪费时间和精力?需要静下心来反思和审视自己的学习到底有没有成效?因为以上都是假学习的典型行为表现。

那什么是假学习?假学习的危害有哪些?我们如何才能克服假学习,真正提高学习效率呢?

所谓"假学习",就是表面看起来学习很认真,可实际什么也没学进去,或者确实很认真、很努力地在学,但由于学习方法不对,导致学习效率低下,考试成绩很不理想。

假学习的背后实际上是在偷懒和浪费时间。

假学习的同学很多时候是人在、手动，假装很认真地在学，但是懒得动脑与动心，蒙骗了自己，也迷惑了家长和老师。但"结果不会陪你演戏"，学习上的作假会使得那些似是而非，没有掌握的知识点不断地累积，直到难以弥补，考试时自然会暴露出来，成绩不会"演戏"。

假学习的同学只是表面形式很认真很努力，却不思考、不反思，没有对知识做到消化、吸收和应用，因而没有任何成效。没有效率和成效的勤奋其实就是在浪费时间，因为可供学习的时间总是有限的，而且时间一旦过去就无法重来，所以，我们要利用有限的时间真正产出效益和价值，否则就是在浪费时间。为什么在同样的时间里，有的同学学习收获颇丰，而有的同学学习了成绩却依然很差？"真学习"的同学是真正用心学习了，真正将知识弄懂学透了；而"假学习"的同学只是在做表面功夫，没有真正用心、动脑，其实就是在浪费大好时光。

那怎样才能克服"假学习"呢？

需要做到以下三点：

1. 一定要有明确的目标与方向，为自己而学。

很多人碌碌无为，就是因为自己没有明确的目标与方向。在校学习，首先一定要想清楚这样几个根本性问题：我为什么要在这儿学习？我到底是为谁而学习？我学习的目的是什么？我想成为一个什么样的人？我怎样才能成为这样的人？

不想清楚这些根本问题，在校学习就只是在应付，没有明确的目标与方向，不懂得为自己而学，学习就是盲目和低效的，就是在浪费大好时光。

我带的这届高三七班，高三上学期时，很多老师反映大部分学生都没有学习动力，说一下动一下，有时候甚至老师说了还不动，看着他们疲软无力的样子，老师们也教得越来越没劲了。鉴于他们的这种情况，我给他们上了一节"从现在开始握住自己未来"的班会课，从他们的各种问题入手，分析这些问题背后的根源，让他们着手确立自己的目标和努力的方向。这节班会课后他们的学习状态就有了根本改变，每个人都在为自己的目标和方向努力，他们班的成绩也是"芝麻开花节节高"，期末考试也取得了文科班第二名的好成绩。

2. 制定切合自己实际的一个个小目标和较为详细的时间安排表。

没有目标和计划的学习就会导致盲目和低效，而过高的目标又会打击到学习的积极性，致使学习一段时间后没有成效就放弃，只是"三分钟热度"。因此，制定切合自己实际的一个个小目标，才能真正实现。例如：班级后几名的同学在制定目标时，就不能一下子制定得过高，直接跳到前几名，而是一次进步五名，下一次再进步五名……

有了切合自己实际情况的目标之后，还要将这些目标分散到每一天，将每天的时间都要规划和安排好，制定出一份较为详细的时间计划表（可参照"4.2.5 可供借鉴参考的改良版中学生学习计划表"制订），并严格按此执行，坚持下去，形成习惯，必见成效。

3. 找到一套科学的学习方法，并在日常的学习中加以运用。

有了目标和计划，再加上行之有效的科学的学习方法，就能让时间真正用在刀刃上，学习真正起到作用。

比如，通过通读知识，列出知识框架和问题清单来有效预习；重视课堂，明确每节课的学习目标，紧跟老师的授课思路，提高听课效率；做笔记时做到层次清晰、结构明确，突出重难点和易混易错点；通过分解法、重复法、关键词记忆法等方法，更好地记忆所学知识；通过倒计时限时训练法高效完成作业，并通过及时的纠错和反思总结，让作业发挥更大功效；通过不断地复习，让知识真正内化吸收；通过考场心态的调适，明确各科的答题策略和做题技巧以及高效检查的方法，让考试的过程和结果变得更可控等。

总之，只有克服假学习，内心目标和方向明确，制订切合自己实际情况的目标与计划，并采用科学的学习方法，真正用心努力，就一定能取得好的学习效果，逐步实现自己的目标和理想。

2.5.2　什么是"深度学习"以及怎样进行"深度学习"

测一测：你做到了以下几点？

1. 你能深入理解课本上的基本概念和原理的来龙去脉、核心本质吗？

2. 你能深入理解和掌握每个公式的推导过程及变式吗？

3. 你能深入理解和把握知识间的内在联系并构建学科整体知识网络吗？

4. 你能将学科知识网络中的知识，包括概念和基本原理运用到不同的情境中去解决不同的问题吗？

5. 你能从试题所给的现象和问题中抓住它的本质，找到它与知识的内在逻辑吗？

6. 你会将复杂问题拆解成一个个小问题从而加以解决吗？

7. 你能创造性地运用知识解决现实问题吗？

8. 你能对知识提出问题和质疑吗？

9. 你能通过对知识的探究和运用从而提升自己分析问题和解决问题的能力吗？

10. 你知晓知识的价值和意义吗？你能将知识的价值意义与你人生的价值意义联系起来吗？

以上每一点都指向"深度学习"，你做到了几点？你只要能做到其中的一点就能深入到学习的本质和核心，而不再停留于大量的机械学习、死记硬背、知其然而不知其所以然的浅层学习和表面形式的假学习。当然以上十点你做到得越多，学习能力就会越强，核心素养就会越高，就越能取得进步和发展。

那什么是"深度学习"，我们又怎样才能进入"深度学习"呢？

"深度学习"原本是机器学习领域中一个新的研究方向，是计算机模拟人脑的工作模式。现在，这个词汇也被运用到人类自身的学习。

"深度学习"是在学习的基础上进一步加深学习，也可以称为深层次学习，它是一种和机械记忆、被动学习截然相反的一种自主学习、构建知识的学习方式，深度学习能引导学生积极主动学习知识，并熟练应用知识解决学习和生活中的问题，批判性地学习新知识和新思想，将其纳入原有知识结构中，将诸多思想有效地融合起来，实现已有知识到新情境的迁移中，作出决策，解决问题，提升综合素养和能力。

深度学习具备批判理解、知识整合、迁移应用和解决问题的特征 [①]。

我们需要从以下几个方面进行"深度学习"：

1. 积极主动地学习新知识，并将之与自己已有的经验联系起来，从而内化吸收为自己的知识。

2. 批判性地学习新知识和新思想，能提出问题和质疑。

3. 深入理解和把握课本中基本概念、原理的来龙去脉，本质与核心。

4. 理解并熟知每个公式的推导过程及变式。

5. 深入理解和把握知识之间的内在联系，构建学科的整体知识网络体系。

6. 调用知识网络体系中的知识，将其运用到不同的情境中去解决不同的问题。

7. 理论联系实际，能创造性地运用理论知识分析和解决实际问题。

8. 分析试题中各种已知条件、隐藏条件，并找出各种信息之间的内在联系，分析和把握出题人的意图和考查的知识点、素养和能力，灵活运用所学知识解题。

9. 学会把综合性的、复杂性的问题拆解成一个个小问题从而加以解决。

10. 思考课本知识和试题考查知识的价值和意义，并与自己人生的价值和意义相联系，从知识中不断汲取人生成长的智慧和力量。

"深度学习"不仅仅是为了应付考试，它可以帮你摆脱机械学习、表层学习的弊病，加深你对知识的理解并将知识融会贯通，深入钻研新的知识，并在此过程中养成积极主动学习的态度，提升你的思维水平、分析问题和解决问题的能力，提升你的综合素养，形成良好的思想道德品质，以积极乐观的人生态度面对学习生活中的各种困难，不断地突破自我、完善自我，从而更好地适应未来社会发展的需求。

2.5.3　"假学习"与"深度学习"的巨大差距

为什么同样是三年的时间，同样在学习，有的同学考上了重点高中、著名大学，而有的同学却连普通高中、普通大学都考不上？

---

① 资料来源：万方数据《广东蚕业》2018 年 11 期。

可见，学习与学习之间有着巨大的差别。

先让我们来看两组表格的对比：

表格一

没有理想，没有目标，内心空虚，毫无斗志
上课不认真、不专注，思想开小差，发呆走神，或者做小动作，交头接耳
只听课不记笔记，或者主要忙于记笔记，只听老师讲不注重自己的思考和理解
做作业效率低，拖拉、马虎、潦草，只是应付
惯于抄答案，很少主动思考问题
知道一些好的学习方法，但不去运用和落实，或者三分钟热度
错题本、笔记本整理得非常漂亮，但缺少反思和总结，也很少翻看复习
买的教辅资料不少，但做的却很少
做事磨蹭拖拉，患有"拖延症"，习惯往后拖，效率低下

表格二

学习目标明确，学习的内驱力强，积极主动学习，对学习充满兴趣
善于规划时间和学习任务，学习专注，效率高
有良好的预习习惯，懂得带着问题去认真听课
上课认真专注，紧跟老师的思路，积极思考和理解知识，并及时进行总结和质疑
做作业专注力强、效率高，做完及时纠错反思总结，及时弥补薄弱环节和薄弱学科
考试前做充分准备，考试时注重分析和思考，考试结束及时反思总结和改进
在学习上善于动手、动口、动脑，积极参与每个学习环节和活动，学习效率高
定期翻看复习自己的错题本、笔记本，做到温故知新
不断提升自己的身体素质和心理素质，遇到困难挫折能够及时调整自己的心态

通过对比，大家会发现表格一中的内容和表格二中的内容有着明显的差别，表格一中的内容属于假学习、假努力、假勤奋的表现，而表格二中的内容则属于真学习、真勤奋、真努力的表现。

相信我们都能达成这样的共识：只有真学习、深度学习，才能使时间发挥出真正的效益，使学习真正富有成效和价值。

美国作家卡尔·纽波特认为：高质量的工作产出＝时间 × 专注度。

　　这个公式意在告诉我们：要想在单位时间内取得最佳的学习效果，就一定要提高专注度，也就是能进入深度学习。

　　有关怎样进入深度学习，我在上一小节已经讲过，在这里总结归纳为六个步骤：

　　1. 深度链接新知识。在学习新知识时，我们可以结合自身的经验，对所学知识进行理解和延伸，从而与自己建立起充分的关联，将新知识纳入已有知识体系中，吸收内化为自己的东西。

　　2. 获取本质的核心的知识。通过真正深入研读和理解一本书，找出其中本质的核心的主干知识。

　　3. 将知识编织成网络体系。通过理解和融会贯通知识，把握知识之间的内在联系，把知识编织成网络体系，而不是孤立的零散的知识。

　　4. 灵活调动、迁移知识去分析和解决实际问题。将知识与实际生活中的实际问题联系起来，通过灵活调动、迁移知识去分析和解决实际问题，做到"学以致用"。

　　5. 不断复盘，不断反思总结，寻找共性的规律和方法，以举一反三，触类旁通。通过练习，通过分析问题和解决问题，不断地总结经验，反思教训，从而寻找解决同类问题的共性规律和方法，以做到"举一反三，触类旁通"，更好、更高效地解决更多同类问题，提高学习效率。

　　6. 思考知识对人生和世界的价值和意义，从中不断汲取人生成长的智慧和力量。知识的学习是人类进步成长的手段和工具，只有将其融入人生的进步与成长之中，才能发挥它更大的价值和意义。我们要在知识的学习中，不断汲取人生成长的智慧和力量，在获得更好发展的同时，也为国家为社会贡献出自己的智慧和力量。

第 3 章

学习要因"科"制宜：高效学习的学科策略

来自同学们的困惑：

"为什么有些科目学了很久，我却依然感觉好像没有入门？"

"为什么我总是难以学好所有科目呢？"

3.1　语文：阅读、积累和多写，是语文学习的真经

3.1.1　语文学习要多阅读

古语云："读万卷书，行万里路"，说的是一个人要想变得优秀，必须看书和实践。古今中外的著名人士，都拥有良好的阅读习惯。

要想学好语文学科，同样需要阅读。语文作为我们的母语学科，其重要性和基础性不言而喻。中国上下五千年文化源远流长、博大精深，语文作为我们学习文化的基础，必然有一定的难度。因此，语文学习必须注重阅读。

没有阅读就难以积累到更多的好词好句、名人事例等素材，也难以提升自己的欣赏水平、写作水平。因此，只有广泛阅读，才能夯实语文学习的基础，提升语文学习的素养和能力，从而取得好的成绩。

语文这门学科, 在考试中所涉及的课本知识不多, 高考考查的知识与能力更多地来自课外阅读与写作。所以, 语文要想取得高分, 就需要广泛地阅读书籍, 不要把对语文的学习仅仅局限在课本。

一个广泛阅读的学生, 可以拥有扎实的基本功, 对于字词的认识、语言的组织都能够很好地把握。同时, 对写作也能够拥有深刻的思想、严谨的结构安排和优美的语言, 并确立很好的立意点。反之, 如果很少阅读, 积累少, 无论基础知识还是写作文都会因为内容匮乏而导致失分严重。

因此, 想要语文成绩好, 就必须进行大量阅读。

但我们的时间总是有限的, 人类书籍又犹如浩瀚的大海, 不可能将所有的书籍都读一遍。因此我们要有选择性地进行阅读。

你可以从以下几方面进行阅读:

1. 经典文学名著。比如我国四大名著、外国经典名著等。

2. 与课本内容相关的名家作品。比如鲁迅、朱自清、余秋雨、毕淑敏、丁立梅等名家作品。

3. 经典的报刊。如《读者》《青年文摘》《中学生阅读》等经典杂志, 《人民日报》《中国青年报》等经典报纸。

4. 自己喜爱的正能量作品。比如《明朝那些事儿》等历史小说、金庸的武侠小说等。

5. 教育部、老师或专家推荐的经典作品。比如《围城》《雷雨》等。

6. 史记、古诗词等文言文作品。有利于提升古文阅读能力和素养。

7. 满分作文、作文素材、作文与考试等书籍杂志。有助于提升写作文的水平和能力。

当然, 在阅读的过程中我们要做有心人, 把有用的学习材料记在积累本上; 当阅读完一篇或一部自己深有感触的经典作品时, 尽量写一篇读后感, 分析一下作品的中心主旨与立意、作者的情感和思想、线索结构的安排、自己对作品的体会与感悟等, 从而让阅读变得更有价值和意义。

3.1.2 语文学习要注重积累

新的《语文课程标准》中明确提出"加强积累，培养语感"，这可以说是语文学习的精髓和要害。语文学习讲究点滴积累、循序渐进、持之以恒，不可能一蹴而就。要想学好语文，必须注重积累。长期积累点滴语文知识的过程，就如垒砌一块块砖一样，今天垒几块，明天垒几块，时间长了就能建成一座大楼。

我校 2017 级考上清华大学的一位学子，在他的经验介绍"慢慢来——我的高中升级路线"里写道："高三一年中我只有一本数学纠错本、一本物理纠错本、一本英语知识本，却有接近十本语文资料积累本。"他把这些语文资料积累本都一一做好分类：同类型素材如名言、精彩的文章开头、精彩的文章结尾等，同类型默写易错字、文学常识出错点，小说（环境、人物、主旨、情节），诗歌（赏析诗句、分析情感、揣摩主旨）……

语文是一门注重积累的学科，只有积累，才能掌握更为丰富的字、词、句，积累丰富的事例和素材，才能在此基础上既掌握基础又提升素养和能力。仅仅依靠老师所讲的知识学习效果是非常有限的，不仅会造成对一些字词的认识不清晰，还会造成写作材料的匮乏，甚至连日常的准确表达都困难，十分不利于个人的长远发展。

那怎样才能做好语文学习的积累呢？

从积累的途径来讲：第一是通过课本积累。包括课文中注音的生字、释义的词语、成语、典故、诗词、文言文中的实词虚词和特殊句式、写作的方法素材等；第二要从试卷、资料中积累。把平时读错的字、写错的词、不理解的成语、用错的标点符号等摘抄下来，还可以积累和总结阅读理解和写作文的方式和方法；第三可以从阅读中积累。阅读经典文学名著、名家作品、经典的报刊、自己喜爱的正能量作品、推荐的经典作品、文言文作品、满分作文等，可以积累到大量的好词好句、名人事例、名言警句、成语典故、文学常识等；第四可以从生活中积累。我们看到、听到的时政新闻素材、广告宣传语、典故、事例等，也可以通过社会调查、参观访问、专题研究、旅行、公益活动等积累社会生活素材。

从积累的内容来讲：主要包括素材积累和做题的专项积累。素材积累包括好词好句好段、名人事例、名言警句、文言诗词、成语典故、寓言故事、文学常识等；做题的专项积累包括基础知识、阅读理解和作文写作三大块。其中基础知识又包括字音字形、词语运用、病句修改、标点符号、句法、修辞等；阅读理解又包括诗词鉴赏，文言文阅读和现代文阅读；作文写作积累包括作文素材好词佳句、名人事例、名言警句、成语典故、文学常识等，也可以从思想、立意、题目、结构、开头、结尾、语言等来积累。

当然，我们对积累的东西要定期进行总结和梳理，也一定要经常温习，才能达到积累的目的，既牢固掌握基础知识又培养语感，不断提升语文素养和能力，考试时才能做到游刃有余。

3.1.3　语文学习要不断提升写作水平

众所周知，在各级各类的语文考试中，作文是占分值比例最大的一道题，而且所占分数比重还在逐渐增加。

作文，是语文最重要的一部分，也是最难得高分的一部分。

我认为获得高分作文最重要的方法就是多写，通过多练笔不断输出倒逼自己多阅读多积累输入，不仅能提高阅读积累的热情和效率，也能有效提高写作能力和写作水平。

我喜欢写作，从小学三年级开始坚持写日记，虽然初中、高中学习时间紧张，但我也一直坚持写周记。直到现在，我的高中周记本都还保留着，上面有我当时的语文老师周老师用红笔做的批改："感情真挚，文笔细腻，充分体现了小作者的功底。""别把这本给弄丢了"……

我坚持多写的结果就是：高中时，我不仅在校刊上发表了几篇文章，我的高考作文成绩也接近满分。大学军训期间，我写的军训稿经常被校广播台采用，于是"红遍政法学院内外"。大学期间我也一直坚持写日记，我写的六本大学日记直到现在还被我珍藏着。现在的我已经加入了市作协，我还会一直坚持写下去，争取加入省作协、中国作协。

著名作家林清玄从十七岁就开始发表作品，到三十岁时，他的作品几乎囊括了当时台湾的所有文学大奖，他出版的文学作品逾百部，是台湾作家中最高产的一位，也是获得各类文学奖项最多的一位。他从小学三年级时开始就规定自己每天必须写五百字；中学每天写一千字的文章；大学每天写两千字的文章；大学毕业以后每天写三千字的文章，几十年持之以恒，这就是他能够成为著名作家的秘诀。

由此可见，写是写作成功之母。

经常练笔，不仅可以培养写作兴趣、提高语言组织能力，提升写作水平，还有助于提高对美的鉴赏水平，培养思维的敏捷性、逻辑性和深刻性，从而全面提升自己的素养和能力。

我们可以从写200~300字的日记开始，到千字左右的文章，还可以通过写周记、限时作文训练等来练笔。

当然，学生写作主要以写出好的作文为目的。那怎样才能写出好的考场作文呢？

1. 卷面整洁。

整洁的卷面、清晰的字迹，是学生语文功底的体现，能给阅卷老师留下良好的第一印象。如果卷面不美观，有错别字，都会被扣分。

2. 一定要认真审题。

看到作文题目，先不要急着写，一定要认真审题，看清、理解题目要求后再写。现在大多是开放性作文，所以审题尤为重要，否则就容易偏题跑题。审题可以从以下几点进行把握：材料反映的内容是什么？出题人的用意是什么？作文的体裁是什么？

3. 好的立意和谋篇布局。

立意尽量深刻，而不是停留在表层；结构清晰缜密、表达准确流畅。

谋篇布局的几种常见样式，我们在中学学习阶段是会反复进行演练的，关键要善于总结技巧。

4. 精心拟好题目。

作文的题目就像文章的眼睛，好的题目能让阅卷老师有眼前一亮的感觉，有想继续往下看的冲动。因此，在拟题目时一定要紧扣题意，或化用，或古风，或对称，做到准确立意、新颖别致，一定不要超出试卷的要求。

5. 开篇抓人眼球。

"好的开始是成功的一半"，作文开篇的好坏直接决定着阅卷老师对文章档次的划分。所以，开篇一定要紧扣题意，简洁流畅，紧紧抓住老师的眼球。大家平时也可以积累好的开头以化用到自己的文章里。

6. 内容要有真情实感，能引起共鸣。

作文的内容一定要有自己的真情实感，能让读者从中产生共鸣。比如：为什么同样写李白，有的人得到的是及格分而有的人却能得高分？其实并不是因为得高分的人写李白有多好，而是因为他从李白身上提取了现在推崇的特质，结合了自身的思想、感情、感悟和启迪，才能真正打动人，引起共鸣。

7. 语言准确流畅。

在写作中，要做到语言准确流畅其实并不是一件容易的事情。这主要依赖平时的多写练笔，才能做到言则达意，否则练笔少就很可能会"言不达意"。这需要我们在平时练笔的时候，就要认真仔细地组织语言，尽量做到准确运用词语，不要写那些让人读不懂、读不通顺的句子。

8. 善于旁征博引。

将平时的积累，比如名人事例、名言警句、成语典故等旁征博引到自己的作文中，能给作文增色不少，也能让老师对你的知识面刮目相看，从而给作文增分。

9. 结尾画龙点睛。

跟作文的开篇一样，好的结尾也很重要。好的结尾要画龙点睛，点明和升华主题，能让人读后印象深刻，值得咀嚼和回味。

总之，纵观中考、高考的优秀作文乃至满分作文，有这样几个共同之处：立意深刻、结构清晰、始终围绕主题展开；内容充实丰富，有真情实感，所举例子都是名人和典型事例；句子简洁，文采好，文章引经据典，语言生动形象。

3.2 数学：把握基础和做题总结，是数学学习的法门

3.2.1 数学学习重在基础

数学是一切自然科学的基础，也是现在大中小学都开设的一门学科。在各个升学考试中分值的所占比例很高就可以看出数学的重要性。然而，很多同学没掌握好的学习方法，导致数学成绩一直不理想。

那怎样才能学好数学呢？

数学学习重在基础和做题总结。

首先，数学学习一定要重视基础。数学学习最为重要的不是题海战术，而是要打好基础，学会以不变应万变。

很多中考取得优异成绩的学子都认为，学数学计算一定要过关，吃透课本原理，才能做到以不变应万变，活学活用。据著名教育专家、全国优秀教师王金战老师对在高考中数学取得高分学生的统计，无一不是"双基"（数学基础知识和基本技能）特别扎实的学生。"他们的数学素养普遍高，无论遇到什么样的试卷都能做出绝大多数，简直比'标准答案'还要好。"

中考和高考数学试卷中的简单题、中档题、难题的比例大体都是 3：5：2，因此只要数学基础扎实，就可以拿到试卷 80% 的分，再加上倒数第一题或第二题的难题中的第一问一般都比较基础，这两题第一问的分值只要同学们认真细致也能拿到，第二、三问虽有难度，但同学们也是可以得到一些步骤分的。所以，只要基础扎实，得高分便在"情理之中"。

因此，每位同学都应该重视基础、打牢基础，所谓"基础不牢、地动山摇"，一个小小的知识漏洞就很可能制约你的解题思路。

那数学学习怎样才能打好基础呢？

1. 吃透课本。

首先，要对课本上的基本概念、基本公式和变式的推导过程理解透彻并熟练掌握。其次，要把课本上的每一道题都与概念、公式联系起来，真正弄懂弄透。

再次，要注重对课本的总结与记忆。最后，对于课本的基本概念、基本公式及变式，还有自己总结的同类题的做题方法和做题技巧，一定要理解记忆，做到烂熟于心。

2. 注重溯源，把握数学思维方法。

数学思维方法有代数思想、数形结合、转化思想、假设思想方法、比较思想方法、极限思想方法等，只有把握好这些方法，才能把握数学学习的精髓。中考高考所谓 "难题" 的 "前身" 其实就是课本的例题或是某些定理、公式的证明过程。因此，我们在平时学习的过程中不能只局限于背公式定理、会做例题，还要仔细分析公式定理证明、例题解答的每一个步骤，挖掘出它们背后的思维方法，做到 "为我所用"，从而不断提升自己在数学方面的思维能力和水平。

3. 构建知识网络。

牢固掌握数学的基础知识，对构建知识网络。尤为重要。可以通过画思维导图，层层细分课本的章节，归纳总结知识点，并将知识点之间的关系、适用条件和特征等标注出来。思维导图是帮助我们把握知识之间的内在联系，构建知识网络的一个非常有效的思维工具和学习方法，使用时还可以与具体习题（最好难度不大但有一定综合性）结合起来，从而更有利于知识的总结和运用。

4. 推导多种公式，改编课本例题。

中考和高考的数学题源于课本又高于课本。所以，在掌握课本最基本公式的基础上，对公式进行多种推导，不仅有利于数学思维的拓展，也有利于应对试题的千变万化。中考和高考的最后几道大题，看似很难，但其实是对课本基础知识的提升和综合。平时在研究拓展题时，可以试着将大的综合题与课本基础知识相对应，改编为一道一道的小题，也可以试着将课本的例题进行改编，将一些基本题或知识点综合一下，就可以变成一道难题。总之，万变不离其宗，我们完全可以根据日常梳理的知识点，将难点一个一个击破。

总之，学习数学，基础非常重要，因为试题千变万化，其实都是对基础的延伸和升华。所以掌握好基础，才能做到以不变应万变。

3.2.2 数学学习要注重做题总结

数学是一门重视练习的学科，需要勤于做题和做题总结，这样才有助于巩固基础知识，培养解题能力，锻炼和提升思维能力与水平。当然，要提醒大家的是：千万不要陷入题海里无法自拔。数学学科需要做大量的题，但又不能局限于做大量的题，还需要对所做的题进行反思总结，才能达到提升思维和能力的目的。

我校一名 2009 级考上北京外国语大学的学子，在回忆自己的高中数学学习时，提到她的数学笔记本上粘满了从试卷上剪下来的习题，她把这些题进行了分类：圆锥曲线专题、数列专题、立体几何专题……自己来不及验算的题就直接把答案也剪下来贴上去，自己想不到的步骤就用荧光笔标注出来方便下一次看……她在不到一年的时间里，做了满满的一大本数学错题集，并在每道题旁都标注了解题思路和考点，每道题都被她细心地看过不止一次。

这样的积累总结最终由量变达成质变，她说自己终于有一天不再惧怕数学考试了，那些题目都变成了她的老相识……

这也让她深刻认识到：原来没有耐心和毅力不可战胜的东西！

那么，我们在做数学题时到底需要注意些什么，才能避免陷入单纯"刷题"而无法提升成绩的情况呢？

1.要做一道题会一类题，及时总结类型题的共性规律。

初中和高中数学的知识专题和考试题型都比较固定，平时做题时一定要通过做一道题会一类题，归类总结零散的试题，找出这一类题的解题方法和共性规律。最好是买一本质量高、总结性强的资料书，按照书中总结的类型和题型，有针对性地加以训练典型题（母题），从而突破和掌握好每一种类型题。

2.注意总结和运用数学思维方法。

数学思维方法是数学的灵魂和精髓，也是学习数学的通法。知乎上总结了 17 种管用的数学思维方法：对应思想方法、假设思想方法、比较思想方法、符号化思想方法、类比思想方法、转化思想方法、分类思想方法、集合思想方法、数形结合思想方法、统计思想方法、极限思想方法、代换思想方法、可逆思想方法、化归思想方法、变中抓不变的思想方法、数学模型思想方法、整体思想方法。在学习数学的过程中, 我们一定要注重数学思维方法的总结和运用。

其实, 每一大类数学知识中也只有几种方法, 比如高中数列求和无非就是公式法、倒序相加、错位相减、裂项相消、分组求和、周期数列、数学归纳猜想证明法。善于总结才能运用自如。

3. 注意一题多解, 举一反三。

数学是一门注重培养思维的学科。如果针对一些重要的题进行深入探讨和研究, 尝试一题多解, 不仅可以提升我们的发散思维能力, 又能培养创新精神, 做到真正掌握规律, 举一反三, 触类旁通, 通过一道题解决一类题, 从而使做题事半功倍, 不断提升自己的思维能力和解决问题的能力。

4. 注意错题的及时纠正、反思总结和复习。

错题从表面来看是粗心, 实质上往往反映的是学生平时对知识的掌握程度不够和错误的学习习惯。考试成绩的稳定和提升, 不是看做出了多少难题, 而是尽可能减少错误, 确保基础题不丢分。

成绩优异的学子都很重视对错题的及时纠正、反思总结和复习。

很多优秀学子在介绍学习经验时都提到他们有专门的错题本, 会把做错的题和遇到的问题都记录下来, 每天抽出时间研究, 如果还不懂就会问老师或同学, 直到真正弄懂弄透为止。

我校考入北京大学光华管理学院的一名学子, 在给学弟学妹们介绍学习经验时说:"每一个犯下的错误, 都代表着做题技巧或知识方面的欠缺。熟练度、陷阱位置、读题快慢、答题规范、检查意识、计算方式、思维方法等, 只要有一环出了问题, 那么很有可能这道题就做不出来或做错。"所以, 必须准备专门的笔记本整理和分析这些错题, 以尽可能地避免下次再犯同样的错误。"如果把错误仅仅当成错误, 把一看答案就知道在哪错的错误搁置在一边, 才是最大的错误。"他强调在高手如云的考试之中, 细节问题是决定名次的关键性因素。

所以, 要想学好数学, 一定要做到基础扎实、注重做题练习巩固、不断总结反思提升。

3.3 英语：单词、语法、阅读和题型总结，是英语学习的精髓

3.3.1 英语学习重在单词积累

英语和语文一样是一门语言学科，语言学科遵循的规律就是要从最基础的知识开始，一点一点地积累和提升，不可能一蹴而就，需要长期的坚持。

学英语如同建房子，单词就是砖瓦，就是英语最基本的要素和最基础的知识。如果单词都掌握不牢固，那房子自然难以盖成。

我国中小学生英语大纲，对词汇的基础要求是小学 500~800 个、初中 1 700~2 400 个、高中 3 500 个左右，而且高年级的单词，对低年级的单词还有覆盖。

实际上，我国高考英语所考查英语水平的难度主要在考察词汇及语法方面的掌握程度。换一句话说，只要你词汇语法方面的基础知识足够扎实，就能比较轻松地应对。

因此，英语单词和语法的记忆是学习英语必经的过程，也是最基本的要求。

但单词的记忆又是有方法的，那怎样才能更好地记忆单词呢？

1. 细水长流的日积月累。

英语学习和语文学习一样，需要一点一滴的积累，方能见到成效。

每天积累 5~10 个单词、2~3 个句子，一年下来就是 1 825~3 650 个英语单词、730~1 095 个句子，三年下来就是 5 475~10 950 个单词、2 190~3 285 个句子。由此可见，只要坚持，日积月累，聚沙成塔，英语成绩就一定能有显著的进步和提升。

2. 循环反复记忆。

艾宾浩斯遗忘曲线图告诉我们克服遗忘的最佳办法就是反复记忆。

当然，你可以根据遗忘的时间点来制定复习的时间点。第一个记忆周期：5 分钟；第二个记忆周期：30 分钟；第三个记忆周期：12 小时；第四个记忆周期：1 天；第五个记忆周期：2 天；第六个记忆周期：4 天；第七个记忆周期：7 天；第八个记忆周期：15 天；第九个记忆周期：1 个月……

也可以利用一切可以利用的时间，包括零碎的时间来对单词进行循环反复记忆。

3. 采用巧妙的方法记忆。

（1）分类记忆：

可以建立单词库，把生词、词根、易错词、核心词汇等记录下来，进行分类整理，并定期复习、背诵。

（2）类比记忆：

可采用类似的方式进行类比记忆，比如 in the morning,in the evening,at night；也可以是单词一样形式不一样的类比，如 go to school 与 go to the school，前者是去上学（读书），后者则是去学校（不一定是去读书）。

（3）联想记忆：

记忆某个单词时，要把和它 "外形长得像" "词义接近" "词义相反" 的单词联系在一起记忆如 "agree" "angel" "agreeable" "disagree" …

形成 "单词串"，可以达到看到一个便能想起一串的效果。

（4）在不同语境中去记忆：

在不同的语境中，全方位（听、说、读、写）去认识每一个单词，活学活用才能更好地记忆。

（5）词根加词缀记忆：

英语单词有词根和词语。比如：记住词根 "nat" 是出生的意思，那么以词根 "nat" 的单词 "nature" "native" "nation" 等就都很好记了。词缀也一样的，以 "tion" 结尾的多数是名词，以 "ly" 结尾的多数是副词，知道这些，记忆单词的衍生词就更容易些。

当然，你还可以有更好、更巧妙的办法去记忆单词。

4. 利用专门的工具书或工具记忆。

为了让学生更好地记忆单词，现在市面上开发了很多很管用的专门用于记忆单词的工具书或工具，包括词汇书、学习机、学习笔、单词卡片、单词默写本等，可以上网查询之后加以选择使用。

总之，英语单词是英语学习的起点和根基，只有打好基础才能进一步提升学习的能力和素养。

3.3.2　英语学习也要注重语法

词汇和语法是英语语言建筑的基础。词汇就像是·砖·瓦，没有足够词汇量的积累，英语学习的地基很难牢固；而语法则相当于大楼的框架，没有框架，也无法建成大厦。

一位英语老师提及自己平时在批改试卷时，发现大多数英语学得不好的同学都喜欢将中文语法用到英语里，特别是在写作和翻译中，学生如果对于语法和语句掌握不好的话，就会对别人说出来的话或者写出来的东西理解错误。

从考试的角度来看，语法渗透在英语试卷的每一个角落。有的省份有直接考查语法知识的单选题或填空题；短文改错是重点考查语法的题型；完形填空和阅读理解虽然更偏重对词汇掌握和语境理解的考查，但语法储备对解题也很重要；作文则不仅要求理解记忆语法知识，更需要把语法运用到书面表达中，扎实的语法功底不仅能让我们写出漂亮的高级句式，更能让我们避免因为语法错误而失分。

所以，要想学好英语不仅要掌握足够的词汇量，同时也需要掌握好语法，才能准确自如地运用英语，取得英语学习的好成绩。

那什么是语法呢？语法主要包括哪些呢？

语法，顾名思义，就是语言的法则。我们要提高理解和运用语法规则的能力，首先要把握英语语法的知识结构。语法最主要是词法和句法。更确切地说，语法可以分为三个层次：第一层是词，关于词的各方面规则的总结就是词法，由词还可以衍生出短语；第二层是句子，关于句子的组成、功能以及句子之间的关系等内容的法则属于句法；第三层是关于段落、篇章的规范，可以称之为"文法"，这部分内容的要求较高，不属于中考、高考直接考查的范围。

下表是我整理的英语语法提纲，大家可以据此进行英语语法的积累和总结：

英语语法提纲一览表（语法包括词法和句法）		
词法	名词	1. 名词单数变复数　　2. 名词所有格
	冠词	1. 不定冠词：a，an　　2. 定冠词 the
	代词	1. 代词的分类　　2. 代词的用法
	数词	1. 基数词　　2. 序数词　　3. 分数
	介词	1. 辨析　　2. 固定用法
	形容词	1. 做句子成分　　2. 同级比较、比较级、最高级
	副词	1. 分类　　2. 作句子成分
	动词	1. 分类　　2. 时态　　3. 语态　　4. 语气
	连词	1. 引导从句　　2. 辨析
	感叹词	感叹
句法	句子成分	主语、谓语、宾语、定语、状语、补语、表语、同位语
	简单句	1. 六大句型　　2. 四种类型：陈述句、疑问句、祈使句、感叹句
	并列句	并列连词：and，but，or，for，while 等
	复合句	1. 主句　　2. 从句：名词性从句、定语从句、状语从句
	其他	1. there be 句型 2. "it" 的用法 3. 否定意义的句子 4. 直接引语变间接引语 5. 独立结构（即独立主格） 6. 倒装 7. 主谓一致 8. 构词法

如何才能更好地掌握英语语法呢？

1. 关键在于平时积累。

和积累词汇量一样，语法学习也不是一蹴而就的，需要平时点滴的积累。

可以专门准备一个记录语法的笔记本，每当老师提到语法问题时或做练习时遇到就记下来，这样慢慢积累到一定程度，许多语法现象就能一目了然了。

另外，建议大家每天抽 20~30 分钟，最好在早晨，坚持读和背课文、词组和习惯用法等，短期内可能效果不明显，但只要坚持下来，就能体会到明显的效果。这样坚持下来不仅能够帮助大家熟练掌握英语语法，也有助于形成英语学习的语感，提升英语学习的能力和水平。

2. 在经典例句中掌握。

单纯地学习和记忆语法知识会让人觉得比较枯燥，而包含语法的经典句子却是生动灵活的。句子可以千变万化，但其中包含的语法知识却不会变。所以，通过记经典例句来记忆语法，往往比单纯地记忆枯燥的语法知识要更容易。学习每一个语法知识点时都可以选择几个经典的例句反复朗读，直到能记住并熟练运用，语法知识也就掌握了。

经典例句，可以从课文中选，也可以从做过的完形填空和阅读理解中选，还可以从读过的课外读物中选……总之一定要选择好记的句子。

3. 在课文中掌握。

很多英语老师上英语课会仔细分析和解读课文，一篇课文里会包含几个重要的语法知识点，有的课文甚至会对专门的语法知识变换句子进行情景设置。

初、高中的英语课本里几乎包含了所有需要掌握的语法知识点。所以，熟读并背诵课文，然后就语法知识造句运用，也能很好地掌握语法。

4. 利用专门的语法参考书。

课堂上老师会讲解课文中的语法知识，所以，只要好好听课就能掌握语法知识。但如果以前基础差，没有好好学语法，也可以直接买一本语法参考书，参考书对语法有系统的总结，还有清晰的例句和配套练习。通过专题学习再加上练习，也能很好地掌握语法。

5. 在系统的整理中掌握。

前面提到初、高中的英语课本里几乎包含了所有需要掌握的语法知识点，但相对分散。将初、高中所有英语书上的常用词组、重要句型等语法知识点进行系统整理并熟读、记忆，是很有效的掌握语法知识的方法。

6. 在练习应用中掌握。

想要掌握语法，有一个简单且非常见效的方法，就是进行语法的专项训练。比如，一次性搜集定语从句的语法题，或者一次性搜集状语从句的语法题，进行专项练习，一次攻克一个专题。英语不超过十三种基本语法，通过专项训练很快就能掌握。

此外，还可以通过做高考试卷的语法部分来掌握语法。历年各地的高考英语试卷中，都会有六道英语词汇题和大约九道语法题，所涉及的知识点几乎涵盖英语所有主要常用语法。所以，只要能把高考题做明白，就能掌握语法了。

总之，你可以选择自己喜欢的方法来学习英语语法。只要找到正确的学习方法，你就会发现语法其实并不难。

3.3.3　英语学习要注重阅读

对于英语学习而言，阅读是提升英语能力和水平极为有效的手段。它能够贯通语言语法、扩大词汇量、增强英语语感，也能为英语口语表达能力和英语写作能力打下良好的基础，还能让学生从中领悟到学习英语的真正意义和价值，了解英美历史、文学知识、英语国家的风土人情等，增长知识，开阔眼界，体验学习英语的乐趣，从而进一步增强英语学习动机，更好地学习和掌握英语。

另外，纵观历年的中、高考英语试卷，阅读理解在考试中的分数都占比很大，足以证明阅读的重要。

那么，可以采用哪些方式来提升阅读的能力和水平呢？

1. 背诵课文。

很多英语老师提到快速提升英语成绩的方法是背课文。课本上的课文，基本包括了考点最常考的语法和固定搭配，还有一些生僻的单词。如果通过课文把它们背得很熟，那么在考试时，即使一些单词不认识，也能准确地理解文章的意思，这就是语感。一旦拥有了英语语感，英语想考不好都难。

2. 利用英美剧、电影、音乐、名著、《新概念英语》等。

很多英语成绩特别突出的优秀学子，他们之所以能在英语上获得优异成绩，和他们从小就开始接触英语、喜欢英语并长期坚持学习有关。

尽管他们接触英语的手段和喜欢的英语环境不尽相同，有的喜欢英美剧，有的喜欢看英语电影，有的则喜欢英语流行音乐，有的则通过阅读英语名著或者《新概念英语》来学习，但长期的熏陶和坚持最终都能让他们的英语水平，包括英语阅读的能力和水平得到极大的提升。

3. 坚持做阅读理解。

高一、高二时我的英语成绩一般，但在高三下学期，我有计划地每天做一篇阅读理解并及时对答案反思、总结，这样坚持了一个月之后，我的英语成绩提升了二十多分。

大学时我又如法炮制，轻松地通过英语四级和英语六级。

所以，坚持每天做一篇阅读理解，不仅能让我们对英美文化和民间日常生活能够有更好的了解，从而逐步深入英语学习的精髓，而且能培养我们的英语语感，提升我们英语学习的能力和水平。

总之，我们可以采用自己喜欢的方式来营造英语学习的环境，培养英语学习的语感，提升自己对英语学习的兴趣，同时也在此过程中不断提高英语学习的能力和水平。

3.3.4　英语学习还要注重题型的总结与运用

1. 听力。

据美国保罗·兰金教授的统计，在人们的日常语言活动中，"听"占45%，"说"占30%，"读"占16%，"写"仅占9%。由此可见，"听"在语言学习、交流中的重要地位。但由于英语不是我们的母语，所以在听之前，我们需要先学习一些有关日常交际用语的知识，还要积累词汇，才能在听到相应的词汇和句子时，对应到相应的场景来形成正确的解题思路。因此，扎实的知识积累是做好听力试题的前提。

中学英语听力基本上都涉及这样一些日常交际用语的场景：介绍、告别、问路、打电话、看病、留便条、住旅馆、用餐、风土人情等，我们在平时学习这些场景的过程中，就要积累相关的词汇和句子。

另外，要想训练自己的英语听力，可以采取反复听的形式。将每一句话反复听，没听懂的地方或者陌生的词汇，一定要及时查阅资料听懂，直到将这句话真正听懂、理解，再听下一句。虽然这样刚开始会有些麻烦，但经过一段时间的训练之后，听力水平就能提高。

2. 单项选择。

在英语试题中, 最基础、最考查基本功的题就是单项选择题了, 因为它在很大程度上考查了学生的词汇和语法功底。因此只要词汇量丰富, 语法掌握得好, 单项选择题基本就不成问题。

至于选择题的做题方法, 可以采用以下几个步骤: 大体理解语境—圈画关键词重点理解—比较选项找出考查的核心—依据平时的积累选出答案。

第一步, 大体理解语境。看题时就要注意理解它的主要意思。

第二步, 圈画关键词重点理解。找出这道题的关键词并圈画出来进行着重理解。

第三步, 比较选项, 找出考查的核心。通过比较选项一般都能找出这道题考查的核心内容。

第四步, 依据平时的积累选出答案。依据我们日常积累的词汇、词语的固定搭配、句型句式、语法规则等来选出答案。

此外, 还可以运用一些小技巧, 比如排除法 (排除肯定错误的选项)、归类法 (根据句子意思, 把选项按照两个空的相似或相异的地方进行比较分类), 当然也可以运用平时培养起来的语感进行选择。

值得提出的是, 对于自己不太确定的选择题, 做题时一般以第一印象为主进行选择, 选完之后不要随意更改答案, 除非真的确定自己选择错误时才能改动答案。

总之, 想要做好选择题, 最重要的就是能够持之以恒地去积累词汇、语法、日常用语、近义词等, 积累的多少决定了选择题做题的正误。

3. 阅读理解。

高考英语从大的角度划分, 其实是由听力、阅读 (阅读理解、完形填空、"七选五"、短文改错)、写作三大部分组成, 其中占 50% 以上比重的就是阅读理解, 可以说, 阅读理解占据了英语的半壁江山。

那怎样才能做好阅读理解题呢?

阅读理解的做题步骤可以概括为三步: 泛读—细读—精读。

第一步: 泛读——大概浏览。

对于一篇阅读理解，第一遍阅读时需要泛读，即只需花几十秒大概浏览一遍文章，知道文章大致讲什么内容即可。

首先，看完第一段和最后一段，因为它们一般是对中心思想的描述，所以看完之后就能知道文章的中心思想了。其次，再看其他段落的第一句，因为第一句一般是本段主要内容的总结，所以看完之后就能知道文章从哪几方面加以展开；最后，简单把文章的内容串联起来，就能基本掌握文章的思路和所要表达的主要内容了。

第二步：细读——带着问题再次阅读。

泛读之后，把文章后面的问题看完，带着问题再次仔细阅读文章，把与问题相对应的内容划出来，这样做题才会有针对性，不会浪费时间。

第三步：精读——对照原文，排除选项，校正答案。

仔细阅读文章的过程中，重点是要找到与问题对应的段落内容，将它与问题的选项一一对照，仔细比对，仔细推敲，查看选项是否与文章所要表达的内容相符，如果只是换了几个词，但所要表达的意思一样，或者是同义句转化，那么这个选项就是正确答案。在比对的过程中，还可以充分发挥排除法的作用，将与原文不符的选项全部排除，通过这种方式也可检查自己的选择是否正确。

4. 完形填空。

完形填空一定要先通读全文，切忌直接做题。先读一遍通晓主旨大意，再进行细读，筛选每个选项的四个单词。可以由单词在句中的位置来判断词性再加以选择；也可以根据作者的情感态度排除再选择，比如四个选项中有三个是表达消极情绪的单词，而作者表达的情感态度是积极的，那么就选择剩下那个表达积极情绪的单词；还可以根据上下文的提示来进行选择。总之，选择一定要符合全文的意思。

5. 语篇填空。

语篇填空的技巧就在于思维的缜密性，每个空的设置都可能会有"拐弯之处"，比如填名词时要考虑单复数，填形容词时要考虑是否变成反义词，填动词时要考虑用什么时态，等等，一定要考虑周全。

6. "七选五"。

"七选五"要先看七个选项，明白各自的含义之后再读题，了解文章的主要内容后，可以看题目的位置，是段首中心句还是段尾总结句？是中间内容补充句还是观点支持句？依据位置，可以准确地判断并作出选择。也可采用排除法，在确定几个选项后将其划去，不断缩小范围来进行选择。

7. 短文改错。

认真仔细是做短文改错的技巧，做此题时争取第一遍就将答案全部写出，考试时不要在这道题上浪费过多时间，一般一遍挑出多少错误就是多少。若一遍未找全错误，仍需补充以增加得分概率，建议大家坚持高考的 "811 原则"，即 8 处改、1 删、1 增。同时需注意，由于高考考查的知识覆盖面大，在短文改错中，一个知识点不会反复考查，如果考了时态，大家接下来就应换个角度，在别的方面寻找错误。

8. 作文。

很多高考优秀学子提到提升英语作文写作水平的方法，总结如下：

第一，考前准备好模板，考试遇到题目才不慌。最好买一本满分英语作文书，将同类型的作文放在一起，归纳总结出它们的共性模板。还可从文章结构归纳总结出它们的通用句型，然后熟读记忆直到完全掌握。如：在开头部分可以记忆一些高级通用句型，中间部分也可以记忆一些定语从句、宾语从句、倒装句……结尾部分也如此。

第二，考场多用高级词汇，考试容易得高分。想要提高高考英语作文分数，不仅需要好的作文模板，还需要在作文中增添一些高级词汇，这样才更能使文章有血有肉有灵魂，也才能让阅卷老师觉得写作者水平较高，从而更容易获得高分。

第三，重视书写，更能赢得阅卷老师青睐。写作的 "颜值" 也是影响得分非常重要的因素。面对那么多试卷，阅卷老师的第一印象很重要，考生很可能因为书写漂亮就能得一个高分。所以，我们要每天定时定量地进行书写训练。

第四，要规避低级错误。英语作文一定切忌出现单词错误、短语搭配错误之类的 "硬伤"，才能保证英语作文的质量。

总之，不断总结各类题型的做题步骤、方法以及解题技巧，无论是对英语学科还是对其他学科，都能有效地提升考试分值和解题能力。

69

3.4 理化生：理解和运用基础知识，是理化生学习的要害

3.4.1 物理学习方法

物理是一门基础科学，它对人类探索自然、推动技术发展、改善生活以及培养人才都具有重要的意义和作用。

比如当我们要装卸货物时，我们可以利用斜面，用简单机械将货物搬运到车上可以省力；汽车轮胎上的花纹可以增大摩擦，而自行车轮轴加润滑油可以减小摩擦等，这些都是我们利用物理知识提升生活质量的例子。

那我们怎样才能更好地学习物理知识呢？

1. 立足课本，打好基础。

课本是学习之本，是知识的载体，同时也是考试命题的重要参考。大多考题在课本中都可以找到原型，所以必须抓纲务本，方可落实"五基"：基本概念、基本规律、基本实验、基本模型、基本方法。

首先要深入理解课本的基本概念，品味这些概念的内涵，思考它的物理意义与其揭示的客观现象的本质属性，拓展概念的外延，把抽象概念还原到具体情境中加以理解；其次要理解公式、定理的推导过程及其含义，因此，自己推导一遍公式，能更深入地理解基本概念和整个推导过程，也才能记忆得更牢固，运用得更熟练；再次要思考和把握知识点之间的内在联系。物理知识大致可分为力学、电磁学、热学、振动与波动学等几大块，每块内部及各块之间都有逻辑地联系在一起，要理清和把握它们的联系；同时要注意汇集定理、定律、公式等，因为这些知识是基础，不可或缺；最后要通过网络构建知识体系，把知识点串成线，再将线织成面，把面构成体，从而将知识形成一个有机的体系，有利于从整体和相互联系上来掌握知识。整个物理体系就像一座宏伟的大厦，内部有和谐完美的结构，每个知识点都有自己的位置，它们也都有着相互联系。只有这样，才能做到对知识全面深入理解。

2. 选一本好的参考书。

对于物理学科，在学习的过程当中会时不时地遇到一些"拦路虎"，所以不少

高考优秀学子都建议物理学科需要选一本好的参考书，如学习辅导、解题指导之类的书籍，其中一定要带有详细的解题思路分析和具体的解题步骤，以加深对物理定律公式的理解和熟练运用。

每当你做完题后再看参考书的解法，就可以发现更巧妙的思路、更新颖的解题方法。这样每做一道题就能有收获。时间久了，就能使你的思维更开阔、头脑更灵活。另外，最好把做题时遇到有关定律应用的类型、技巧和注意事项都补充到笔记上的相应章节，对以后做题和复习都有帮助。

3. 注意多观察生活，见物思理。

物理讲的是"万物之理"，因此，在我们身边到处都蕴含着丰富的物理知识。只要我们保持一颗好奇之心，注意观察各种自然现象和生活现象，见物思理，就能激发自己学习物理的兴趣。

比如：你尝试过把杯子倒扣在水里时观察杯内外水面的变化吗？你观察过旋转灯柱吗？你仔细体会过坐电梯在加速、减速时的压力变化吗？

物理源于我们的生活，旨在解决我们生活中遇到的问题，因而我们学习物理也不能脱离它的源泉。一旦养成用物理知识解释身边的各种物理现象和解决生活中的一些难题的习惯，你就会发现物理的趣味和魅力。

4. 注重过程分析，可画示意图，更需要空间想象力。

物理学习一定要注重过程的分析，弄清楚发生发展的过程，在哪一个过程中要用哪些公式、定理，不能运用哪个定理，找出最佳的运用，不仅简单明了，而且节省时间。

在进行物理过程的分析中，可以画示意图来形象直观地展现，以加深对整个过程的理解，比如，拿力学来说，一个物体的受力示意图更能直观地展示出这个物体的受力情况，这样分析和理解就能更清楚、更准确了。

简单运动可以借助图形，但有些复杂运动是根本无法用图形表示的，需要在头脑中建立起物理图景，让物体"动"起来。这就需要空间想象力，要将物体的立体动态过程想清楚明了，做题才不会出错。

5. 做好物理实验。

物理是一门实验科学，实验是物理学的基本研究手段。实验题也是历届中考和高考的必考项目。这些实验如果死记硬背，不仅容易弄混，而且容易忘。因此，需要做的实验一定要亲自去做，先弄通实验原理，在此基础上理解实验步骤的顺序和合理性，遇到问题才能以理论为依据加以解决。

做实验的过程能很好地提升综合能力，通过对仪器的布置、调节和连接，可以体会到如何操作才更合理。另外，实验的过程中可能会遇到一些书和老师都未提及的问题，这时就要积极思考，寻找原因，可以与同学讨论，也可以向老师请教加以解决。要通过做实验把解决问题的经验转化成自己的知识和能力。

6. 进行专项突破训练。

对于一些物理题，如果真的有难度，可以购买教辅书或者在网上查找相关资料，找出类型相似的题（一定要带有解析），进行分析和研究。如果自己还是觉得理解困难，可以请教老师，直到将这一类题弄懂为止。这样，一类题一类题地进行专项突破训练，就能逐步攻克物理难题了。

7. 考试中对于物理难题，尽量争取得分。

对于考试中的物理难题，如果真的没有什么思路，可以将相关的公式都写上，还可以进行大胆的猜测，这样说不定也能得到几分。要尽量争取得分，才有利于考试成绩的提升。

3.4.2　化学学习方法

化学是一门以实验为基础，研究物质的组成、结构、性质及其变化规律的自然科学，在能源、材料、信息、环境、医药和生命科学等领域发挥着重要作用。

中学化学学科作为一门理科学科，与数学、物理既有相通之处，同时又有它的独特性，化学知识素有"碎、散、多、繁、难"等特点，被称为"理科中的文科"。

因此，要想学好化学，就必须遵循它的规律，采用与之相适应的学习方法。

那么，怎样才能学好化学呢？

1. 注重"双基"，突出重点。

以课本为根基，认真吃透课本，全面掌握基础知识，巩固"双基"，挖掘知识间的内在联系，及时查漏补缺，彻底扫除知识结构中的障碍，不能留有明显的知识、技能缺陷和漏洞，这是学好化学的根本。

在学习的过程中，不少学生好高骛远，不能脚踏实地，认为不会考课本的内容或者课本的内容太简单，因此在还没有真正弄懂吃透课本基础知识的情况下，一味追求偏题、难题，采用题海战术，实际上得不偿失。

当然，在强调"双基"的同时，也要突出重点。其中的化学用语是学好化学的基础，因此，我们在学习时一定要花费精力、通过各种方法来记忆并熟练掌握常见的化学元素符号、化学方程式等化学用语，才能为学好化学知识打下良好基础。

2. 注意归纳总结，构建知识体系。

化学与数学、物理不同，定义、定理要少得多，但是知识点特别多、特别杂，这就要求我们在真正理解每一个概念及理论的基础之上，对学科知识进行梳理和归纳，把知识联系起来形成网络结构，使之系统化、体系化，只有这样才能做到融会贯通，真正学好化学。

有的同学只注重微观知识点是否掌握，却没有思考和掌握知识点之间的内在联系，对知识没有整体系统的把握，一旦做题遇到综合考查多个知识点时就无从下手，其实这就是没有构建和掌握知识体系的后果。

因此，当我们每学完一章时，都需要总结一下知识点之间的关系，学完一本书时需要梳理整本书的知识结构。

3. 充分重视利用化学元素周期表。

化学元素周期表是学好化学极为重要的工具。1869 年，俄国科学家门捷列夫将当时的 63 种元素根据相对原子质量大小以表的形式排列，并把有相似化学性质的元素排列在同一列，后来经过多名科学家多年的修订才有了现在的化学元素周期表。

每一本化学课本后面都有一页化学元素周期表，它所反映的性质和规律不仅仅是周期律和族律，还包括原子半径、化合价等性质和规律，掌握这些性质和规律不仅对我们的化学学习有帮助，而且对我们未来从事化学方面的行业也具有非常实际的应用价值。

4. 采用巧妙的方法进行记忆。

与数学、物理相比，"记忆"对化学显得尤为重要。这是因为：化学本身有着独特的"语言系统"——化学用语。如：化学元素符号、化学方程式等。要熟练掌握它们必须靠记忆；一些物质的性质、制取、用途等也必须记忆才能掌握它们的规律。

那怎样才能更好地记忆化学知识呢？

（1）理解记忆法：

首先对概念、定律、性质等知识要认真听老师讲解，仔细观察老师的演示实验，力求在理解的基础上进行记忆。

（2）利用化学元素周期表记忆：

利用元素周期表，通过元素周期律将每一周期和每一族元素的共性加以集中记忆，然后再单独记忆每一种元素或者是单个化合物的特性，这样不仅可以减少记忆量，还提高记忆的准确度。比如元素周期表的第七族是卤族元素：氟、氯、溴、碘，这四种元素的单质以及化合物的性质比较多，不容易记忆，但通过这种方法就能较为容易地记住。

（3）重复记忆法：

对一些化学元素符号、化学方程式等可以采取重复记忆法。由于化学学科需要我们记忆的内容多，因此有必要每周抽出两三个早读或晚读的时间来重复记忆化学知识，以不断巩固我们所学的知识。

（4）默写记忆法：

俗话说："好记性不如烂笔头"。尤其是化学方程式，每次考前最好把学过的所有化学方程式全部默写一遍，然后再筛查出默写错误的点，进行着重记忆。

（5）做题巩固记忆法：

如果你感觉记忆知识点很难的话，可以通过高质量的熟练做题来巩固和记忆所学知识。因为历年来，那些物质的性质或化学反应，都被反反复复出在了各种各样的题里，通过一遍又一遍地做题，就能将它们植根于记忆了。

（6）口诀记忆法:

老师上课会编一些口诀, 这些口诀朗朗上口, 很快就能把我们所学的知识串在一起, 帮助我们较快较轻松地记住所学。

比如: 常见元素化合价（正价）口诀, 一价钾钠氢与银, 二价钙镁钡与锌, 三价金属元素铝; 一五七变价氯, 二四五氮, 硫四六, 三五有磷, 二四碳; 一二铜, 二三铁, 二四六七锰特别。

当然, 也可以自己编一些口诀或者采用其他巧妙方法来进行记忆。

5. 重视化学实验, 提升应用能力。

由于化学是一门以实验为基础的学科, 重视实验, 做好实验是学好化学的基础。因此, 要认真对待每次的化学实验课。

课前必须进行预习, 明确实验的目的、实验原理和操作步骤; 实验过程中要集中注意力, 严格按实验要求进行操作, 对基本的操作要反复进行练习, 对实验过程中出现的各种现象要耐心细致地观察, 认真思考、多问多想, 从而提高自己分析问题、解决问题的能力以及独立实验的动手能力和创新能力等。

6. 关注生活, 理论联系实际。

我们赖以生存的世界与化学密切相关, 钢铁生锈、食物腐烂、水的污染……要想学好化学, 必须热爱生活、关注生活, 关心身边的化学。比如: 一氧化碳是煤气的主要成分, 如果关窗、关门、家里密不通风, 就容易导致煤气中毒, 因此用煤气做饭时一定要注意开窗通风, 防止煤气中毒等。

因此, 化学学习不能只满足于课本上的知识, 还必须注意理论联系实际, 聚焦社会热点问题以及化学科技前沿问题, 将化学理论与社会生活实际、环保知识、能源等联系起来, 用所学化学知识和技能去解释一些化学现象或解决一些化学问题, 从而增加学习化学的兴趣和动力, 更好地运用所学。

3.4.3　生物学习方法

生物虽然在中学课程里不是主要学科, 但却是 21 世纪最有发展前景的学科之一, 因为人类社会在新世纪面临的人口、粮食、资源、环境和健康问题将更加突出,而这些问题的解决，都将在很大程度上依赖生物科学的进步。

中学生物是一门基础学科，其中的知识并不深奥，但有不少同学因为学习方法不当，耗费了大量的时间和精力，却还是入不了门。

那么，怎样才能更加科学高效地学习生物呢？

1. 吃透课本，扎实掌握基础知识。

高考生物试题考查的知识点离不开课本，所以生物课本一定要吃透，要做到一看题就知道它是考查课本中什么知识点的。

很多同学在学习生物的过程中不重视基础知识，只是一味地做题，这是不可取的。一定要扎扎实实地将基本概念、规律、方法、技巧落实好，仔细阅读课本，认真听老师讲解，做好听课笔记，结合资料，加深对基础知识的理解，准确掌握知识的内涵和外延，把知识点连接起来融会贯通，力求做到基本概念、规律、方法和技巧"烂熟于心"，要养成每天阅读生物课本的习惯，以加强基础知识的记忆。

2. 先记忆然后理解，掌握基本知识要点。

与学习其他理科一样，生物学的知识也要在理解的基础上进行记忆，但生物学也有着与其他学科不一样的特点：由于生物学的对象是陌生的细胞、组织、各种有机物、无机物以及它们之间的逻辑关系。因此，只有在记住了这些名词、术语之后才有可能理解生物学的逻辑规律，即所谓"先记忆，后理解"。

所以，运用灵活巧妙的记忆方法记住生物学知识就显得尤为重要。

下面列举一下生物学习中最常见的几种记忆方法：

（1）简化记忆法：

即通过分析找出要点，将知识简化成有规律的几个字来帮助记忆。

例如：DNA 的分子结构可简化为"五四三二一"，即五种基本元素，四种基本单位，每种单位有三种基本物质，很多单位形成两条脱氧核苷酸链，成为一种规则的双螺旋结构等。

（2）口诀记忆法：

口诀记忆法最大的优点是朗朗上口，容易记牢。

比如，微量元素包括新铁臂阿童木，猛！注：新（新＝锌 Zn）铁（铁＝铁 Fe）臂（臂＝B＝硼 B）阿童（童＝铜 Cu）木（木＝钼 Mo），猛（猛＝锰 Mn）！

即微量元素为：Fe、Mn、Zn、Cu、B、Mo。

这样，不但能极大地减轻记忆负担，还能提高记忆效率，记得更牢固。

（3）联想记忆法：

以记忆不同种类的蜻蜓为例，与其 "死记硬背"，不如采用 "联想记忆法"。首先联想到 "蜻蜓停歇时的翅膀状态" ——平放的为蜻和蜓，竖放的则为蟌（豆娘）；再根据腹部状态的不同来区分蜻（腹部较粗）和蜓（腹部细长）。

（4）对比记忆法：

在学习生物知识的过程中，有很多相近的名词易混淆、难记忆。对于这样的内容，可以运用对比法进行记忆。

例如同化作用与异化作用、有氧呼吸与无氧呼吸、神经调节与激素调节、物质循环与能量流动等。

（5）衍射记忆法：

所谓衍射记忆法，就是以某一个重要的知识点为核心，通过发散思维，把与之相关的其他知识尽可能多地联系起来。比如，以细胞为核心，就可衍射出细胞的概念、细胞的发展、细胞的学说、细胞的种类、细胞的成分、细胞的结构、细胞的功能、细胞的分裂等知识。

当然，我在 "3.4.2 化学学习方法" 中谈及化学记忆法的默写记忆法、重复记忆法、做题巩固记忆法等，同样适用生物和其他学科的学习记忆。你也可以自创一些好的记忆方法来进行记忆。

3. 弄清知识间的内在联系。

记住了基本的名词、术语和概念之后，就要把主要精力放在学习和把握生物学的规律上，因此要着重理解生物体的各种结构、群体之间的联系，也就是注意从纵向和横向两个角度把握知识体系的线索。

比如：关于 DNA，分别在课本的 "绪论" "组成生物体的化合物" 和 "生物的遗传和变异"这三个地方有论述，每个地方的论述各有侧重，因此要纵向前后联系起来加以思考；又如：在学习细胞的结构时，我们会学习许多细胞器，这些细胞器的结构和功能有何异同？这需要把它们横向联系起来进行比较。

4.通过思考六个"w"，深刻理解重、难点知识。

对于一些重点和难点知识，可以通过思考六个"w"来达到深刻理解。这六个"w"分别是：

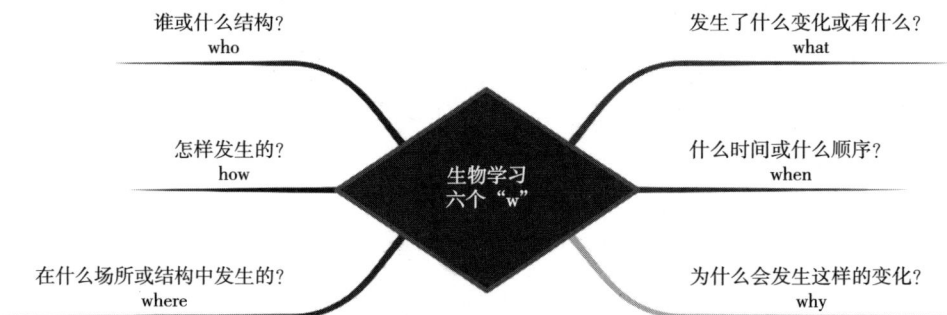

大家在学习中经常将这六个"w"连起来思考肯定会有不小的收获。

5.构建知识网络，把握知识体系。

生物并不像数理化那样必须通过做大量的题来提升解题能力，它需要依靠的是厚实的积累和知识储备。生物的知识点多且杂，所以需要构建知识网络，把握知识体系。将一个单元内的知识通过一条主线联系在一起学习和复习；将不同的章节内容进行有机综合，归纳成图解；以一幅图、一个图解、一张图表等材料为主题，向外扩充，对该部分知识进行整理总结，从而更好地掌握知识之间的内在联系，把握生物学的规律，更好地理解与运用生物学科知识。

6.重视生物实验，提升综合运用能力。

生物科学的基础是实验，因此，培养实验能力显得至关重要。要吃透课本的实验，理解记忆实验的原理、目的、材料、操作、方法、步骤、注意事项、数据采集与分析方法、得出结论的依据等；还要熟悉基本仪器的原理和药品的特性，可以尝试实验设计。当然在设计实验时，一定要防止粗枝大叶想当然的做法，而是要科学严谨地设计实验过程，可借鉴经典实验如孟德尔实验"观察→实验→现象→解释→

验证→结论"的科研过程和思想来构思自己的实验设计思路。

7. 做题训练与积累总结。

生物学科同其他理科学习一样，需要做题训练。通过做题，不断积累总结常考点和答题套路、做题的方法和技巧、培养审题能力、计算能力、知识迁移能力、考场应变能力等。

比如，一些有"本质是"这样字眼的题，一般要回答与基因、DNA 有关的知识点等；

再比如，有关答题的顺序和做题信心的确立，不妨尝试从前往后的答题顺序，先答考查概念、定义、识图（甚至看一遍题就能给出答案的）的简单题，然后再回头攻克涉及分析较为烦琐、计算量较大的题或难题。这样，有了做题的自信心，就能避免被难题卡住，造成没时间思考简单题的情况。

8. 理论联系实际，学以致用。

生物学的理论知识与自然、生产、生活都有着密切的联系，联系实际来学习生物，既有利于扎实地掌握生物学知识，也有利于提高自己分析问题、解决问题的能力。

比如，当学到生物与环境的知识时，可以到居住地附近的农田、草地、树林、公园、动物园里参观考察；再比如，生物学中的许多原理都和工农业生产有着密切的关系，因此，在学习这些原理时，就要考虑它能帮助解决生产上的什么问题。

这样，将理论和实际联系起来，不仅有利于我们对生物学原理的掌握，而且还能学以致用，为当地的环境保护、经济建设建言献策。

3.5 政史地：牢记基础并与实际结合，是政史地学习的精华

3.5.1 政治学习方法

政治学科有一个很重要的价值体现在它是人们认识世界、认识生活的思维方法，是思维的工具，这是其他课程替代不了的。

同学们觉得政治很难学好，关键在于没有找到适合政治、适合自己的学习方法。只要找到科学高效的学习方法，并在实践中加以利用，学好政治便是"水到渠成"的结果。

那么，怎样才能更加科学、高效地学好政治呢？

1."以本为本"，注重基础知识的理解和记忆。

无论什么时候，课本都是根本和依据，考试如果抛开课本，就会成为无源之水、无本之木。

因此想要学好政治，首先也是最基本的，就是要注重对课本基础知识的理解和记忆。

政治学科与我们日常生活的联系相当紧密，只是把日常生活的例子理论化与抽象化了，所以我们在理解这些理论化、抽象化的知识时，就可以结合现实生活当中的例子去理解。

因此，对于政治学科的学习，我们一定要重视原理和例子的关系。原理是政治课的基础，初、高中政治学科的知识基本就是由一个个原理构建起来的。原理就像一个人的骨骼，而其对应的例子就像一个人的血肉，只有将两者有机结合起来，才是一个活生生的人。但原理总是有些深奥，所以需要我们结合具体的例子去理解。比如对于"物质决定意识"这一原理，我们可以通过生活中的很多例子对之进行阐释，从而更容易加深自己的理解和记忆。

所谓"万变不离其宗"，原理就是"宗"，所以在学习过程中要紧紧抓住"原理"，将重要的原理烂熟于心，才能在考试时做到"以不变应万变"。

那怎样才能将重要的原理烂熟于心？这就需要运用一些好的记忆方法。针对政治学科知识的记忆，分解记忆法和关键词记忆法是两种常用的记忆方法。分解记忆法就是把需要记忆的一段内容划分成几个要点，区分这几个要点的不同角度，然后一个要点一个要点地去背，从而做到"化整为零"。针对每一个要点的记忆则可以采用关键词记忆法，就是在每个要点里面选取几个重要的关键词，记住这几个关键词，要点也就被记住了。

当然，还要不断地重复记忆才能克服遗忘。

2. 归纳总结知识体系，用知识体系统领具体知识。

学政治需要 "宏观在胸，微观在握"。初、高中政治课本中，原理知识点多，想要在考试时将它们准确无误地调用出来，需要在平时就将它们归纳总结成知识体系，用知识体系来统领具体的知识和原理，并将其烂熟于胸，才能做到灵活运用。

可以采用思维导图的方式，根据课本单元、课、框、目的结构体系，将具体的知识和原理归纳总结到结构体系里，形成系统的知识体系思维导图，并通过不断地复习记忆，将其深深地印在脑海中。这样，无论是知识脉络，还是原理知识细节，我们都能了然于胸，在考试做题运用时也能信手拈来了。

3. 关注时事政治，做到理论联系实际。

政治学科学习和考题中要考查的一个重要能力便是理论联系实际的能力。我们要学会用政治学科知识和原理去分析时政热点和社会现象，这在政治学科考试的整张试卷中都极为明显，而论述题更是这一指导思想的集中体现。当然，理论联系实际的能力需要我们平时多读、多练、多思考。所以我们平时就要关注时事热点，多读一些如时事政治报之类的杂志报纸等。

针对一个热点问题，我们往往要多角度、多方面地去分析，比如可以从国家、社会、政府、人民等多个不同的角度分析，也可以从经济、政治、文化、社会、生态等多方面去分析；针对同一热点，我们可以将相关的不同侧面的所有材料分析集中在一起，便可形成有关这一热点的、较为系统的知识体系，考试时只要涉及这一热点问题，我们便可举一反三，灵活应对了。

4. 做题运用总结。

选择题做题需要分三步看：材料、设问与选项。第一步看材料，一边看材料一边理解材料的意思，并归纳材料的中心思想；第二步看设问，设问是选正确的还是错误的？是问原因还是问影响？是哲学还是文化还是经济范围等；第三步看选项，选项本身对不对，本身错的要排除，本身对的要看是否符合材料及材料的中心意思。

选择题采用的方法首选排除法，即排除以下选项：本身错误项，比如政府依法执政（政府依法行政，执政的是党）等；与题意无关项，即题意在说这件事，而选项 A 在说另一件事，与题意无关，属无关项应该排除；扩大夸大项，比如夸大作用类，某地方的一项具体措施可以解决整个中国的一类问题等，就不能选。

我们要想做好选择题，平时在上课的过程中，就必须掌握老师重点强调的重点、难点、易混易错点等。基于选择题容易反复出错的特点，我们可以准备一个纠错本，及时地整理、反思、纠正错题，并且考前进行复习，以避免再次出现错误。

对于主观题，一是我们平时要多注意了解时政新闻，并从中挖掘出课本知识点，从政治、经济、文化等多方面考虑，逐步训练自己思维的全面性；二是根据题目和材料分析可以采用模式答题法，如经济生活类题目按主体的答题模式为："国家＋企业＋个人"；哲学类题目的答题模式为："世界观＋方法论＋材料分析"；"理解认识类"题目的答题模式为："是什么＋为什么＋怎么做"；分析原因则用"原因＋内容＋意义"的模式；辨析题用"指出观点中合理的部分并说明原因＋指出观点中不合理的部分并说明原因＋总结观点及怎么做"等；三是要注意总结积累试题中常用的关键词和关键知识点，比如《当代国际政治与经济》相关的试题中，一看到关键词"我国"就可以联想到"我国的外交政策、我国的国家利益、我国是负责任的大国、中国智慧中国方案"的课本关键知识点；一看到关键词"合作"就可以联想到"共同利益是合作的基础""和平与发展是当今时代主题"等课本关键知识点……分专题不断地进行总结和积累，可以极大地提升解主观题的能力。

另外，给大家总结以下几个主观题答题需要注意的小技巧：

1. 一定要熟悉课本目录，包括单元标题、课标题、框标题和目标题。

将课本具体原理和知识纳入，做到烂熟于胸。做题时，对课本越熟悉，短时间内可以联想到的课本原理和知识就越多。

2. 根据题目分值来估算大致需要写多少个要点。

政治主观题都是按要点给分的，比如一道题目 12 分，一般要答 4~5 个要点，每个要点 3 分，你可能写了很长一段话，但内容都相似，只包括一个要点，那么最多只能得 3 分，如果短小精悍地写了四句话，每句话都包含一个要点，那么得到的分数肯定比只写一个要点要高很多。

3. 时政热点不需要全背，只需要记住热门关键词。

时政热点不能不注意，但时政热点内容多，没必要把有关热点的内容全部背下来，其实只需要记住几个高频热门的词语就可以，例如 "依法治国" "乡村振兴" "教育强国" "中华优秀传统文化" 等，在答题时，尽量将与题目和材料有相关性的热点词语都写上去，防止少写导致失分。

4. 答案一般由三部分构成：课本知识＋材料分析＋时政热点。

很多同学将课本的相关内容写上之后，不是忘了与题目的材料相联系，就是忘了与当下时政热点相结合，以致答案要点不全，得分不高。既不能罗列课本知识，也不能仅有材料分析，一定要有机结合、对接问题来回答，可以结合时政热点写，时政关键词也一定要写上。

3.5.2　历史学习方法

俗话说："以人为鉴，可以明得失；以史为鉴，可以知兴替。" 无论是历史人物还是一个民族国家的兴衰史，我们都可以从中学到许多人生哲理，从而扩大知识面，增长见识，树立正确的人生观、价值观。

历史学科作为中学课程之一，采用哪些方法才能更好地学习和掌握呢？

1. 精读课本，梳理知识。

想要学好历史最基本的一个要求就是熟悉课本，尽可能将学过的历史课本都精读数遍，包括课文的注释和插图。

然后将课本知识点进行系统梳理。可以按照课本的章节顺序去梳理，中间还可再分成一个个专题，从国家的制度、文化、发明、农业、政治、经济等角度进行归纳总结；也可以以时间为顺序，整理出历史线索，弄清各个时期一些重要事件的来龙去脉、前因后果、意义和影响，将同一历史时间古今中外发生的历史大事结合在一起记忆。

总之，要精读课本，注意系统地梳理课本知识，并不断地复习记忆，将其深印在脑海里。

2.通过阅读或查找相关的资料不断拓宽知识面。

我和几位历史老师聊天，她们提到现在的历史高考题越来越难，有不少考查的知识是历史课本上没有的，真正考查的是学生的能力和素养。因此，我们必须看一些历史书籍和资料来拓宽自己的历史知识面和提升对历史的认知。

当然，我们可以选择自己感兴趣的历史类书籍或者看一些和历史知识有关的节目，了解各个时期一些重要历史事件的来龙去脉，就能对历史知识做到融会贯通，自然而然就能记住课本相关知识点。

如果课余时间真的很有限，我们可以找一些与课本知识相关的历史资料来读，如《从鸦片战争到五四运动》等，也可以利用平时练习中的材料分析题，里面有大量的史料供我们阅读，将相关的内容积累到一起，也可以帮助我们把握一些历史事件的来龙去脉，从而更好地学习历史。

3.学会比较。

学习历史很重要的一种方法就是要掌握好一系列的对比：古今对比、中外对比、背景对比、特征对比……

要善于将不同的历史事件联系在一起，在对比中把握这些事件的实质。要学会以点带线，能够从纵向和横向的比较来看问题。知道哪个年代发生了什么史实及前因后果叫纵比；不同年代、不同国家发生了类似史实的分析叫横比。

通过比较的方法，就可以更好地把握很多看似杂乱无章的历史事件以及他们之间的关联，从而更加轻松地进行记忆。

4.整理出历史线索，做历史大事时间表。

无论初中还是高中，建议自己亲手整理历史线索，既应按时间顺序（一个国家或地区在不同时代政治、经济、民族、外交等方面的状况），也应按空间顺序（同一历史时期不同国家、地区发生的大事），做一张历史大事年表。因为在此过程中可以理清知识脉络，加深对历史事件以及它们之间内在关联的理解，做到对知识的融会贯通，从而更轻松、更高效地记住历史知识。

5.掌握正确的考试技巧。

首先，分析时尽量学会运用辩证唯物主义和历史唯物主义的基本原理，来科学地认识历史，包括科学地评述历史事件或历史现象，评价历史人物，总结历史的经验教训，认识历史的发展规律等。同时，答题时应先有条理地列出答题要点即观点，然后再根据观点去扩充历史事件，以史实来论证观点。不要担心想太多，只要你觉得有道理，都有可能是正确的。

其次，作答时最好根据分值决定要分几点。一般一个要点是 2~3 分，假设一道题是 8 分，那么很可能它的要点就有 4 个。用这种方法可以有效地减少答漏点导致的扣分。

再次，要注意序列号的安排。大点小点用不同的序列号标出，就会显得层次分明，逻辑性强，这样也就不容易丢分。

最后，字迹一定要工整。试想一下，阅卷老师要短时间内改完多份试卷，如果字迹潦草，会有哪个阅卷老师能有好心情给你高分呢？

另外，答题时还应注意史论结合，要有评论性语句，不能光罗列史实。因此，要注意书上对历史事件的评价，如果有的老师在课堂上讲书上没有的观点，那就更要注意记下来。

总之，学习有法，学无定法，借鉴别人好的学习方法，并结合自己的实际情况加以改造运用，就可以取得良好的学习效果。

3.5.3　地理学习方法

俗话说："上知天文，下知地理。"学习地理，能够让我们更好地认识世界，开阔眼界，了解我们生活的地理环境，从而更好地适应环境、改造环境，使人类与环境协调发展。因此，地理学科也是一门我们学习生存的科学，拥有地理环境素养是每一位公民必备的素养。

由于地理是一门综合性较强的学科，它与其他学科既有联系又有区别，所以，我们应掌握一定的方法和规律，学习起来才能得心应手、游刃有余。

那么，怎样更好、更高效地学习地理呢？

1. 认真研读地理课本。

中学地理学习主要包括三大块内容：自然地理、人文地理、区域地理（中国地理和世界地理），需要从自然（包括位置、地质、地形、矿产、气候、水文、生物、土壤等）、社会（包括政策、劳动力、科技、经验、民族、宗教、风俗、观念、历史等）、经济（包括自然资源、农业、工业、商业、交通、通信、市场等）方面认真研读和把握课本。

学习时要多看课本，充分利用课本中的典型例子去更好地理解知识，熟悉和掌握知识要点，把握课本的脉络和主要思想、观点，还要多思多想，善于总结，形成自己的看法和观点。

2. 注意培养地理思维。

要善于把不同的地理事物联系起来，首先必须问"为什么"，这样便会养成"由果推因"的良好的地理思维习惯。例如：世界雨极是印度的乞拉朋齐，那么，为什么乞拉朋齐会成为世界的雨极呢？结合地图，根据乞拉朋齐所处的地理位置便可分析出，乞拉朋齐位于喜马拉雅山的迎风坡，这里有大量的地形雨，这样，气候便和地形、位置相互联系起来了。

所以，在学习地理知识的过程中，要经常问自己"为什么""有什么规律""怎么样"等问题，有利于培养自己的地理思维。

3. 要善于与实际生活相结合。

地理有一个很大的特点就是生活化。考试改革要求"学习身边的地理学，学习对生活有用的地理学"。因此，关注生活，把课本知识、考试考点与生活常识相结合，是我们学习地理很好的方法。

比如：大气章节是自然地理比重最大的一块，它其实就与我们的生活息息相关。每天中央一台的天气预报就将地理与我们实际生活相结合，我们要在平时就多关注这样的一些例子。

4. 总结归纳知识体系。

经常有地理老师建议我们将课本"由厚变薄"，再"由薄变厚"。所谓"由厚变薄"，就是概括原理，列出框架，形成一个知识体系，将每一个知识点都归纳到框架之中，这样厚厚的几本书的内容就变成了几张薄薄的提纲了。对知识有了整体系统地把握之后再去记忆，你会发现很多知识点有着极强的内在联系，你能更好地对知识进行融会贯通，因此在做题时也就能够较为轻松地做到举一反三了。所谓"由薄变厚"，就是将每一个知识点的详细资料补充到框架里，越详细、越全面越好，就这样，薄薄的书就会让我们补充的资料更详尽，更"血肉丰满"，变得立体和厚重。

5. **常看地图**。

地理学习离不开地图，绝大部分地理知识都可以建构在地图上，因此，重视地图，识图、用图是地理学科最重要的基本技能。

地图是地理知识的载体和学习地理最重要的工具，运用地图来记忆地理知识也是学习地理最有效的方法。地理内容纷繁复杂，但几乎所有的地理知识都源于它的地理位置。学习时要做到书与图相结合，将地理知识一一在地图上查找落实并熟记。平时要常看地图，学地理时最好做到"图不离手"（每次看几分钟也行），要把地图印在脑海里，并能在图上再现知识。这样，当我们解答地理问题时，每想起一个区域，就能自然地反映出当地的地形、气候、河流等自然地理知识以及农业、工业、人口等人文地理知识。

6. **总结地理答题策略**。

首先，要根据分值分点作答，做到条理清晰、主次分明、逻辑性强。

其次，答题要抓住关键词，要点要全面。这就要求我们在平时学习的过程中，要注意归纳总结，做到"知识要点化，要点题型化，题型模式化"。比如分析区域地理时，就要从地理位置：海陆位置、经纬度位置；自然特征：地形地势、气候、资源、水文（河流、湖泊）；人文特征：农业、工业、城市、人口等来进行分析作答。

再次，答题尽量应用地理术语。如大气环流、河流径流等，这也是衡量考生答题是否优质的一个重要标准。

最后，书写要规范，字迹要整洁美观，这样有助于获得阅卷老师好感，提升考试的卷面分值。

总之，把握好学科的特点和学习方法，才能高效学习，在有限的时间内取得更好的学习效果。

学习方法实操篇

第4章

明确目标：做好学习计划，让学习事半功倍

来自同学们的困惑：

"为什么在学校学习了很长时间，我却依然对学习感到很迷茫？"

"我到底应该怎样度过自己在学校的学习生涯呢？"

4.1 目标和计划：就是高效学习的方向和入口

4.1.1 高效学习的根本方向

可以肯定地说，很多同学到校学习，并没有透彻了解学习的本质、学校学习的本质、学期考试和升学考试的本质，他们普遍认为到校学习，就是紧跟着老师的步伐，认真上课听课、认真完成老师布置的作业，考试前做好复习备考，考试尽自己努力去考就好。在实际的学习过程中，大多数同学也正是这样去做的。

不得不说，这种被动亦步亦趋式的学习方式效率很低，"认真上课听课、认真

完成老师布置的作业", 并不一定就真正掌握了知识点, 至于自己真正掌握了多少个知识点, 更是没问过自己也从没了解过, 不知道一个学科究竟要掌握哪些知识点, 自己真正掌握了多少个知识点, 还有哪些是自己没有掌握或掌握不牢的。"考试前做好复习备考, 考试尽自己努力去考", 从没系统地总结过应对考试的方法和策略, 只是粗浅地对考试有所感知。

因此, 一定要透彻了解学习的本质、学校学习的本质、学期考试和升学考试的本质, 弄清学习的底层逻辑, 制定好学习目标和计划, 才能在有限的学习时间里做到高效学习, 从而获得更好的未来。(参照"1.1.2 学校学习的本质")

4.1.2　高效学习的入口

经过对学习的本质、学校学习的本质、学期考试和升学考试的本质, 以及对学习的底层逻辑的了解和认知, 你就能找到高效学习的入口, 那就是积极主动, 要在学习之前就明确学习目标, 制定学习计划, 并始终围绕学习目标和计划展开学习, 从而在有限的学习时间里获得最大的学习效果。

哈佛大学教授斯坦利·霍夫曼说: "不管如何, 要想提高学习的效率, 不可或缺的是要制定详细的学习计划。"

这也正是成绩优秀的学生们和普通生的最大差异所在。达夫在《高效学习》一书中说: "学习高手都在学习前制定明确的目标和计划"。我看过很多有关优秀学子的成长经历, 他们一开始并没有很优秀, 有不少甚至属于"后进生", 但当他们有了明确的学习目标后, 他们能始终围绕学习目标和规划在有限的时间里进行高效学习, 从而实现了跃级或逆袭。

关于学习目标和学习计划的具体制定方法, 详见"1.3.3 目标有着巨大的导向作用"和"4.2 做好学习计划: 可以让有限的时间变得更高效"。

4.2　做好学习计划: 可以让有限的时间变得更高效

4.2.1　要把关注点放在学习的终点目标上

许多成绩优异的学生都有这样一个共识: 要想成绩好, 就要提高学习效率,而要提高学习效率，首先就要制定一个切实可行的学习计划，用以指导自己的学习。

制定一份合理的学习计划，就找到了需要努力的明确方向，否则学习和生活就会处于盲目和混乱状态，效率自然低下。按照制定的学习计划严格执行，养成守时、有序、高效的好习惯，也会成为一个人一生受用不尽的财富。

没有明确的终点目标，就容易把精力分散到那些其实对我们来说并不重要的事情上。

我在学校发现一些非常普遍的现象：学习成绩好的同学经常会问老师问题，或与同学讨论上课没听懂的知识点，或聊一些学习上的困惑；而那些学习成绩不好的同学，有的特别喜欢打游戏，有的喜欢看娱乐新闻和别人聊八卦，有的同学特别喜欢参加各种活动，有的同学把关注点始终放在异性上……

人的精力是有限的，关注点放在哪里，往往就决定了一个人的行为走向，所以我们要把关注点放到对我们有价值和意义的事情上。在学校学习的有限时间里，我们要把关注点放在学习的终点目标上，即真正掌握和灵活运用知识，提升学习能力。

曾在一个视频里看到考上北大的某位优秀学子说："假如高中三年，你所有的学习都是与高考有关的，都是对高考有意义和价值的，那么你的高考成绩一定不会差。"

同理，如果初中三年，你所有的学习都是与中考有关的，都对中考有意义和价值，那么你的中考成绩也一定不会差。

因此，我们要把有限的时间和精力集中在学习的终点目标上，做好计划和安排，才能有的放矢，提高学习的效率和效果。

4.2.2　以学习的终点目标为导向，制定终点目标清单和终点目标计划

由于学校学习的终点目标是：真正掌握和灵活运用知识，提升学习能力。所以，学校学习的终点目标清单，实际上就是各科涵盖的所有知识点以及它们之间的内在联系。我们可以把它制作成思维导图，从而对照检查：是不是每个知识点都真正掌握和理解了？是否能做到灵活运用了？如果哪个知识点还没有理解掌握的话，就需

要对课本内容和相关题目进行再研究，从而做到真正掌握和灵活运用知识，提升与之相关的素养和能力。

比如：下图是高中数学有关不等式的思维导图，你可以对照这个思维导图，检查自己对不等式这块内容所有知识点的掌握情况，如有没理解掌握的，做一下标记，一定要专门抽出时间对课本内容和相关题目进行再研究，或者问老师、问同学把它真正弄通、弄透，再找一些相关题目来做，从而达到灵活运用的程度。

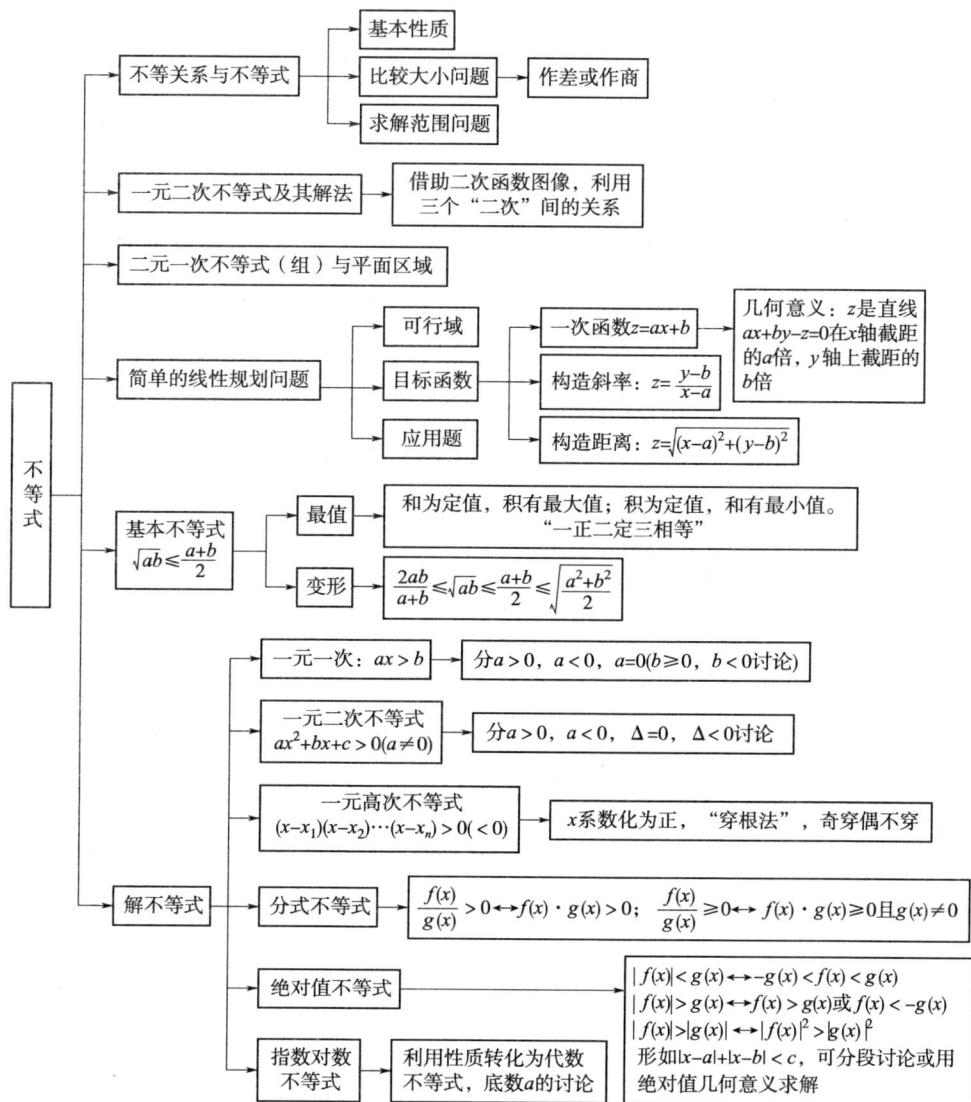

其他模块知识和其他学科都可以参照以上的方法画思维导图，通过把知识点串联起来整理出知识体系，不仅能够对照检查一个一个知识点的理解掌握情况，而且还能够弄清知识之间的内在联系。思维导图是一个风靡全球的、很好的思维工具。

学校学习的终点目标计划，就是要明确根据自己的目标高中或大学，制定目标成绩总分和各科成绩目标分，并根据自己对基础知识的掌握情况和考试时对知识的运用情况，找出各科的薄弱环节及能力增长点，从而有针对性地加以提升，以达成终点目标。

我曾经用这种方法让一名艺术生用最后一个月的时间，将成绩提升了 60 多分，从平时考试的将近 500 分，提升到高考成绩揭晓后的 560 多分，从而考上了自己心目中理想的大学和专业。

下面表格就是我给他制作的学习终点计划表，大家可以根据自己的实际情况参照制作自己的学习终点计划表。

学校学习终点计划表						
我的目标高中 / 大学						
我的学校毕业后的目标专业 / 工作发展方向						
我的目标成绩总分						
我的各科成绩目标分	语文	数学	外语	物理 / 政治	化学 / 历史	生物 / 地理
我的各科薄弱环节及能力增分点	如：阅读理解可增长 5 分～10 分；作文可增长 5~10 分等（还可细分）					

4.2.3 根据时间"四象限"法则和要事第一原则确定事情的优先级顺序

在当老师近二十年的时间里，我发现有不少同学看起来也很努力，每天忙于写作业、记笔记、整理错题……但每次考试结果却不理想，完全配不上他们的付出，于是他们就会对自己产生怀疑："为什么我明明很努力，却总是得不到自己想要的结果？""学习努力了，但成效很低，没有继续下去的动力，有时候有点儿想放弃""为什么我比以前更努力了，排名却更靠后了，我很迷茫"……

他们的问题在于：被每天"重要紧急"的事情（见本节后面提到的时间管理四象限法则）占据了全部时间和身心，一直都处在低水平的努力和付出中，缺少长远的发展和提升。每天忙于写作业，却从来没考虑过怎样写作业效率才更高，才能更好地巩固、掌握和灵活运用知识；忙于记笔记，却从没思考过如何才能提高课堂效率……

那么，如何才能更加科学合理地安排自己的学习和生活，把最重要的时间放在最重要的事情上，确立事情处理的优先级，将有限的时间发挥出最大的功效，从而提升学习和生活的效率呢？

这就需要用到时间管理的"四象限"法则。

时间"四象限"法是美国管理学家科维提出的一个时间管理理论，他按照事情的重要和紧急程度对工作进行了划分，基本可以分为四个"象限"：既紧急且重要（如客户投诉、即将到期的任务、财务危机等）、重要但不紧急（如建立人际关系、人员培训、制定防范措施等）、既不紧急也不重要（如上网、闲谈、邮件等）、紧急但不重要（如电话铃声、不速之客、部门会议等）。

同理，我们也可以划分出学校学习生活的时间管理"四象限"：

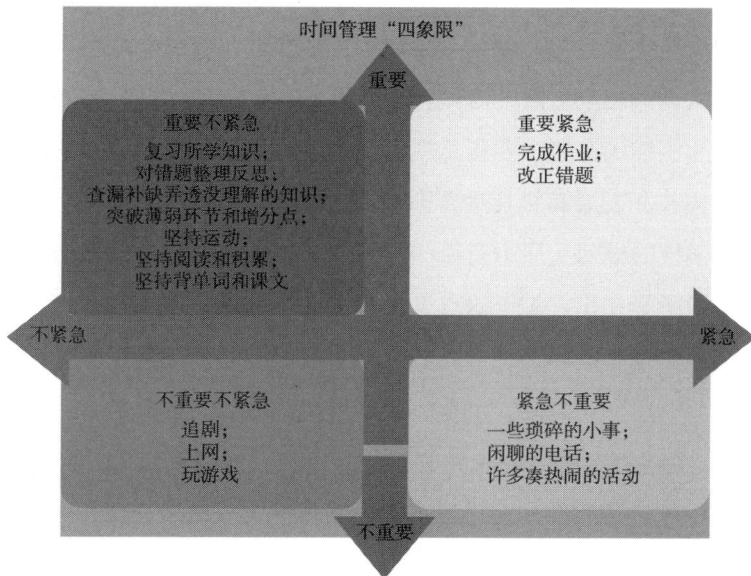

时间管理"四象限"

重要

重要不紧急
复习所学知识；
对错题整理反思；
查漏补缺弄透没理解的知识；
突破薄弱环节和增分点；
坚持运动；
坚持阅读和积累；
坚持背单词和课文

重要紧急
完成作业；
改正错题

不紧急　　　　紧急

不重要不紧急
追剧；
上网；
玩游戏

紧急不重要
一些琐碎的小事；
闲聊的电话；
许多凑热闹的活动

不重要

这四个象限里的事情，看起来好像第一象限最重要，因为是"紧急重要"的事情，说明这些事情非常重要，也非常紧急，必须排在当天待办事项中优先的位置，一定要尽快地解决！

但实际情况是：很多同学每天疲于应付作业，因为老师要检查，所以把写作业摆在优先第一的位置，导致用了绝大部分或所有的课余时间来写作业，忙忙碌碌却成效不明显。因为疲于应付作业，导致完全没有时间停卜来思考，作业的真正价值是什么？怎样来提升写作业的效率？怎样把有限的时间花在最有价值的事情上？

其实，时间管理"四象限"法则的第二象限："重要不紧急"的事情才是最重要的，因为它对个人的成长和发展有极其重要的影响。

所以，我们必须想办法压缩和节省用在第一象限"重要紧急"事情上的时间；将更多的时间用在第二象限"重要不紧急"的事情上；紧急不重要的事情要学会拒绝，能不做就不做；不紧急也不重要的事情尽量不做。

那有的同学要问：怎样想办法节省和压缩用在"重要紧急"事情上的时间，比如写作业的时间呢？

有关如何高效完成作业的问题我会在"第九章 高效完成作业巩固和运用所学"里进行详细专门讲解，在这里简要提几点思路：简要复习后写作业比直接写作业效率要高；根据老师要求交作业的截止日期，合理安排写作业的时间，在截止日期前完成即可；高度集中注意力，限时、高效地完成作业；充分利用可以利用的时间来写作业，比如大课间运动之后的时间，午休后的时间等。

通过节省和压缩用在"重要紧急"事情上的时间，从而把更多的时间和精力聚焦在对个人的成长和发展有极其重要影响的事情上。

那么，在学校的学习生活中有哪些常见的"重要不紧急"的事情呢？

第一，复习所学知识。关于这点老师几乎从不强调也不检查，却是我们每天必须做的"重要不紧急"的事情之一，因为只有及时复习和巩固所学知识，才能防止更快地遗忘，将所学知识理解、消化、吸收后内化为自己的知识。

第二，对错题整理反思。每天完成作业之后及时对答案纠错，属于"重要紧急"的事情，但对错题进行整理和反思，真正弄懂自己为什么错，错在哪里，以及怎样避免下次再犯错，却属于"重要不紧急"的事情，因为可以有效减少和避免自己的错误,提升学习效果。

第三,查漏补缺,真正弄懂还没有理解的基础知识。通过复习知识和错题整理,对照所学知识清单弄清自己对于基础知识的掌握情况,如果有哪个知识点还没有真正理解,就要通过再研究课本和相关习题真正弄懂理解。

第四,突破薄弱环节和能力增分点。想要在现有成绩的基础上得到进一步提升,就必须不断突破薄弱环节和能力增分点。比如,语文作文是薄弱环节和能够增长分数的点,就必须抽出时间研究"考场满分作文",找出一些共性规律:作文标题怎么写?文章开头怎样才能吸引人?怎样布局文章的结构?文章的结尾怎样"画龙点睛"?从而运用到自己的作文中,有效提升自己的写作水平和作文成绩。

第五,坚持运动。我教的每一届学生都有一上体育课就回教室写作业的同学,在他们看来,体育课一点都不紧急,少上一节没关系。其实这些学生的身体体质往往都不是特别好,有的还经常生病请假。他们没有处理好运动和学习的关系。通过运动保持健康体魄,才能保证一个人有足够的精力进行长期学习;另外,运动可以让人头脑更清醒、更灵活,学习效率更高。为了完成作业而忽略了健康,真的是"捡了芝麻丢了西瓜"。

第六,坚持阅读和积累。"书籍是人类进步的阶梯""理想的书籍是智慧的钥匙",坚持阅读和积累,可以开阔视野、增长知识、健全人格、丰盈心灵,还可以提升思维水平和写作能力,不仅对于一个人学习的提升有帮助,而且对一个人的成长和发展也具有深远持久的影响。

第七,坚持背单词和课本。我国学校的英语考试其实考的就是词汇量。因为有些单词你都没见过、没背过,怎么可能知道它的意思?我国小学毕业英语词汇量要求是 1 000 个左右,初中毕业是 2 000~2 500 个,高中毕业 3 000~5 000 个,只有达到这些词汇量,才能读懂考试题目中的句子和文章,否则,连句子和文章的意思都不懂,又该如何考试呢?因此,坚持背单词和课本,把握词语的意思和写法,课本常见的句型和语法,英语考试就不可能成为问题。

4.2.4 充分利用好六种时间做好学习的规划与管理

爱迪生说:"人生太短,要干的事太多,我要争分夺秒。"鲁迅说:"时间就像海绵里的水，只要愿挤，总还是有的。"云南省文科优秀学子吕晓认为学习最重要的是"时间分配"；湖北省文科优秀学子杨文君认为学习最重要的是"谁把握住时间，谁就有一切"。

时间对我们每个人来说都是公平的，一天都是二十四小时。但是在时间的利用上，人与人的差别却是巨大的。这就能解释为什么在人短暂的一生中，有的人能够取得巨大成就，而有的人却碌碌无为，更有人一生都在为错误买单。纵观那些优秀学子们和成功人士，他们无一不是正确利用时间的高手。

那么，对同学们来说，如何才能正确充分地利用好我们的时间，做好学习的规划与安排，从而在有限的学习时间里取得最大的成效呢？

这就涉及学习生涯中时间的管理问题。

我们将学习生涯的时间划分为这样六种：课堂时间、课间10分钟、自习课时间、放学后时间、双休日时间、寒暑假时间。根据这些时间段的特点做好学习的规划并执行，才能将有限的时间发挥出最大的价值与功效，从而提升学习效率和学习效果。

第一种：课堂时间。课堂时间无疑是我们最主要也是最重要的学习时间。课堂45分钟可以分成三个阶段：第一阶段是课堂前5分钟，主要复习回顾上一节内容，并思考本节课和前面知识的联系，把知识串联起来；第二阶段是课堂中间35分钟，一定要高度集中注意力，跟着老师的思维，听老师怎样通过事例去分析知识点，理清老师讲的重难点和易混易错点，并做好笔记，及时理解和消化吸收老师所讲知识。如有问题可做上标记，下课及时问老师问同学弄懂。中间如果老师有停顿或者讲一些无关的事情，可以见缝插针地复习老师刚讲的知识；第三阶段是课堂最后5分钟，要随着老师一起总结本节课的知识，写出知识体系框架，并标注出重点、难点和易混易错点，同时对所学知识进行质疑，多问几个"为什么"或"怎么样"，看自己是否真正理解透彻，如有不懂及时问老师问同学弄懂，尽量做到当堂知识当堂消化，不留问题。

第二种：课间10分钟。课间10分钟可能被很多同学忽略，但其实也是非常重要的一个时间段，利用好这段时间的话可以提升接下来的学习效率，利用不好则会影响到后面课堂的学习。有的同学一下课就特别兴奋，做剧烈运动，导致下节课上课难以安静听课；而有的同学不愿意活动，依然像上课一样安静地坐在位置上学习，导致大脑得不到休息，长期处于紧绷状态也会影响到接下来的学习。我们可以将课间 10 分钟分成三个阶段：第一个阶段是前 2 分钟，复习巩固上节课所学知识，有疑问及时间老师弄清楚；第二个阶段是中间 5 分钟，一定要适当休息，最好是到教室外面活动，呼吸新鲜空气，放松一下眼睛和大脑，平缓一下心情，为下节课的学习做好身心准备，注意一定不要做一些危险动作或特别耗体能的活动；第三个阶段是最后 3 分钟，回到教室，拿出下节课要用到的课本、资料以及学习用品等，提前做好准备，把课本翻到将要学习的内容，大致浏览一下，了解大致思路，有利于有的放矢地听课，提升听课的效率和效果。

第三种：自习课时间。自习课时间可以分为早自习、午自习和晚自习。早自习可以大声朗读背诵语文和英语课文，不仅可以增强语文和英语学习的语感，也可以提高背诵效率，因为早晨是大脑记忆力最强的时刻；午自习重在做题和纠错、反思、总结。午自习相对比较安静，做题的效果比背诵要好，所以静下心来做题，并对错题及时纠错和反思、总结，可以有效利用时间，提升学习效率；晚自习重在复习当天所学，并通过写作业复习巩固所学知识，及时查漏补缺，有问题及时向老师问清楚，把问题当天解决，尽量做到"日事日毕，日清日高"，否则，问题就会越积越多。如果复习和写完作业之后还有时间，可以增强补弱，即强化优势学科，弥补弱势科目。之后还可以拿出一点时间预习新课内容，为第二天新知识的学习奠定基础。

第四种：放学后时间。放学后的时间，我们可以规划分成这样五段：自由活动、复习、写作业、预习和阅读。之所以把自由活动时间放在前面，是因为在学校已经进行了一天的紧张学习，如果先不自由活动一下让大脑放松和休息，而是直接进入学习，大脑就会处于长期的紧张和兴奋状态，一旦学习时间超过大脑兴奋的极限，大脑就会由兴奋转向抑制，从而产生疲劳；自由活动之后、写作业之前，一定要把当天所学的知识复习一下，把课本上的知识弄懂之后再写作业的效率要远高于不复习而直接写作业。俗话说，"磨刀不误砍柴工"，先复习看起来好像是在浪费时间，但实际上写起作业来却会更快、更顺畅；写作业的时间段里，一定要排除各种干扰，高度集中注意力，定闹钟限时规范训练，才能最大限度地提升写作业的效率；写完作业后一定要及时对错误进行纠错、反思和总结，避免下次再犯同样的错误，而不是写完作业就万事大吉了；之后进行预习。曾有一位学习进步很大的同学总结自己的经验："每天20分钟的预习，改变了我学习被动的局面。"通过预习能够提前熟悉知识，找出自己的疑惑点，从而能够带着问题去听课，取得听课的主动权，提高学习效率；另外，每日的阅读必不可少，如果能坚持每人在睡前阅读15分钟，一本书平均以二十万字计算，那么每个月就可以阅读半本书，一年下来至少可以阅读五本书，初中三年和高中三年这六年的时间就可以阅读三十本书。这不仅能让我们的知识储备大大增加，而且能增长我们的见识，提升我们的思维水平和能力。

第五种：双休日时间。要想将双休日时间充分利用好，可以在周五放假前做好双休日计划。双休日计划应该侧重于复习一周所学，查漏补缺，将未理解、未掌握的知识及时补上；突破1~2个薄弱环节和增分点；处理好学习与休闲娱乐的关系，既不能只有学习没有休闲娱乐，也不能只有休闲娱乐而忘掉学习；体育锻炼与休闲活动必不可少，但一定要有节制地看电视、玩计算机；周日下午切忌过多玩乐，而是应该收心，最好做些静态活动，比如阅读、帮家长做些家务或者预习下周要学习的内容，从而避免太过亢奋导致晚上休息不好，影响第二天上课学习的效果。

第六种：寒暑假时间。寒暑假时间是同学们可以充分利用的大块时间，主要侧重于反思总结一学期学习的得与失，扬长补短，强化自己的强项，弥补自己的弱项，突破自己的薄弱环节和弱势科目。比如集中一段时间研究"考场满分作文"，再集中一段时间做大量的语文阅读理解或数学立体几何题，或者专门研究一下数学压轴题等，以强化自己的优势，弥补自己的弱势，不断突破增分点，从而提升自己的学习能力和学习效果；要认真复习上学期所学知识，可以通过"啃"课本或者多做基础题和错题，并研究同类题的共性规律，弄懂、弄透所学知识，做到夯实基础；要做好下学期的规划和心理准备，可以提前预习下学期的课本知识；要坚持每天锻炼身体，"身体是革命的本钱"，只有打下良好的身体基础才能精力充沛地投入到学习和生活中；在家主动承担家务，自己的事情自己做，提高自理能力；可以与家长谈心交流、走亲访友，增进亲情友情，滋养自身生命；可以外出旅游拓宽眼界，增长见识，丰富生活阅历，增加成才的动力；可以读几本好书，增加知识储备；也可以培养和发展自己的兴趣爱好，比如摄影、打篮球等，从而不断提升和发展自己。

4.2.5　可供借鉴参考的改良版中学生学习计划表

在看改良版中学生学习计划表之前，让我们先一起来看看优秀学子的学习计划表。

下面是一位中学优秀学子的学习计划表，时间和事项安排明确详细，连课间时间也利用上了，不愧是利用时间的高手，值得我们学习和借鉴。

时间	学习计划与安排
6:00	起床
6:20—6:40	早操
6:40—7:00	早读，背诵英语课文和单词或语文名篇名句
7:00—7:30	早饭及打扫卫生
7:30—7:50	课前早读，背诵语文或英语满分作文
7:50—8:00	课前准备，适当休息，复习和预习与第一节课有关知识，以便第一节课能快速进入学习状态
8:00—8:45	第一节课
8:45—8:55	课间，适当休息，复习第一节课和预习第二节课知识，以便提高第二节课的学习效率
8:55—9:40	第二节课
9:40—10:10	跑操，这段时间会拿一个小本子，在整队等待期间背几个英语单词或者背一首古诗，上第三节课前抓紧复习一下第二节课知识
10:10—10:55	第三节课
10:55—11:05	课间，适当休息，复习第三节课和预习第四节课知识，以便提高第四节课堂学习效率
11:05—11:50	第四节课
11:50—12:40	去食堂吃饭然后去宿舍，吃饭期间可以看一看美文，有助于写作文
12:40—13:40	睡午觉
13:40—14:00	去教室的路上
14:00—14:45	下午第一节课
14:45—14:55	课间，可以看会儿书，还是以背单词为主，或者跟同学做些学习上的小游戏（学习小游戏，可以放松大脑）

续表

时间	学习计划与安排
14:55—15:40	下午第二节课
15:40—16:00	课间时间比较长，可以适当做些活动，放松一下自己的心情
16:00—16:45	下午第三节课
16:45—16:55	课间休息可以看一会儿书
16:55—17.40	下午第四节课
17:40—18:20	晚饭时间，吃完饭可以休息一会儿，听一会儿新闻了解一下时事
18:20—19:00	晚自习时间，这时候可以复习语文或者英语，以做题为主，背为辅
19:00—19:10	适当休息一下，对语文或英语有疑问的地方和同学讨论或问老师
19:10—20:10	理化生科目，主要是看书做题，复习巩固知识点
20:10—20:20	适当休息一下，对理化生有疑问的地方问老师或问同学
20:20—21:20	数学，看书复习一下做题
21:20—21:30	适当休息一下，对数学有疑问的地方问老师或问同学
21:30—21:50	简要复习整理一天所学，对还没弄懂理解的知识及时问老师和同学弄懂；对做错的题目，整理到错题本上，并简要写上反思总结；预习一下第二天要学到的知识等
22:00	洗漱，睡觉前总结一下自己的进步，使自己对紧张枯燥的学习和生活更有信心。告诉自己要实现梦想就需要继续努力

我根据以上优秀学子的计划表和中学生的日常实际，做了一个改良版的中学生学习计划表，大家可以根据自己的实际情况进行补充、修改和完善。

星期		一	二	三	四	五	六	日
上午	早上	起床、锻炼、早餐					完成作业（合理安排好各科作业；先复习后预习；限时训练，提高效率；及时对答案更正反思）	自由时间（包括课外学习及户外活动）
	早读	背诵英语课文、单词或语文名篇名句、满分作文						
	第一节课课前准备	1. 课前准备及课间10分钟：前2分钟简要复习上节课所学知识；中间5分钟到教室外活动放松；后3分钟准备下节课学习资料及学习用品，并简要预习知识，提前预热 2. 课堂45分钟时间：前5分钟简要复习回顾上节课所学知识；中间35分钟认真听老师讲课并及时做笔记，做到当堂知识当堂理解消化吸收；最后5分钟总结一节课所学知识并质疑提出问题，及时问老师问同学弄懂						
	第一节课							
	课间							
	第二节课							
	课间							
	第三节课							
	课间							
	第四节课							

续表

星期		一	二	三	四	五	六	日
中午	午餐及午休	吃午饭; 适当放松休息, 可阅读 10~15 分钟; 用 10 分钟左右时间复习上午所学; 用 15~20 分钟做几道增强补弱题; 有作业可以完成一部分; 留够至少 30 分钟的午休时间, 为下午上课养好精神						
下午	第一节课	1. 课前准备及课间 10 分钟: 前 2 分钟简要复习上节课所学知识; 中间 5 分钟到教室外活动放松; 后 3 分钟准备下节课学习资料及学习用品, 并简要预习知识, 提前预热 2. 课堂 45 分钟时间: 前 5 分钟简要复习回顾上节课所学知识; 中间 35 分钟认真听老师讲课并及时做笔记, 做到当堂知识当堂理解消化吸收; 最后 5 分钟总结一节课所学知识并质疑提出问题, 及时问老师问同学弄懂					完成作业 (合理安排好各科作业); 先复习后预习; 限时训练, 提高效率; 及时对答案更正反思)	总结一周所学; 查漏补缺, 将未理解未掌握的知识及时补上; 突破 1~2 个薄弱环
	课间							
	第二节课							
	课间							
	第三节课							
	课间							
	第四节课							
晚上	晚餐	晚饭时间, 吃完饭可以休息一会儿, 听一会儿新闻了解一下时事						
	第一节晚自习	1. 合理安排好各科作业; 2. 先复习后预习; 3. 限时训练, 提高效率; 4. 及时对答案纠错, 反思、总结, 整理到纠错本上, 及时查漏补缺, 重新研读课本相关知识及研究同类型习题; 5. 简要复习整理一天所学, 对还没弄懂理解的知识及时问老师和同学弄懂; 6. 简要预习一下第二天要学到的知识等					完成作业 (如作业全部完成还有时间, 就整理一周下来没来得及整理的错题; 研究突破 1~2 个薄弱环节和增分点)	预习相关知识
	课间							
	第二节晚自习							
	课间							
	第三节晚自习							
	22:00	洗漱后准时上床; 睡觉前闭上眼睛像放幻灯片一样快速回忆一遍一天所学知识点, 总结一下自己的进步和收获, 反思自己的问题, 明确自己还需要改进的地方; 进行积极的自我心理暗示, 肯定和鼓励自己, 告诉自己为了实现梦想, 明天还需要继续努力						

关于寒暑假的学习计划安排，可以参照"4.2.4 充分利用好六种时间做好学习的规划与管理"一节中有关寒暑假时间的规划与管理，并结合自身的实际进行制定。

4.3 强大的执行力与自律：学习计划得以实施的保证

4.3.1 隔离诱惑和不良情绪，从微小的事情开始立即行动是关键

你是否有过这样的体验：当你写作业时，学习桌上却放着手机，于是你自觉不自觉地就想着看看新闻或刷刷抖音，想着过一会儿就开始写作业。没想到一看一刷就过了半小时、一小时甚至更多的时间。等到了该休息的时间却还没写完作业，这才后悔自己不该看手机。

当今社会，手机诱惑是对孩子和大人最大的诱惑。也有很多成人，本来想着要完成某件事，但因为刷手机，一刷几个小时，甚至半天、大半天都有，时间悄然流逝，事情却还没完成，或者根本还没开始做，才开始后悔不该刷手机。

由此可见，人性的弱点是很难抵挡诱惑的。

那怎样才能不被诱惑，拥有强大的自律去执行自己原有的计划？

最好的办法就是隔离诱惑。

有成功人士专门介绍抵御手机诱惑的方法：开始工作之前，把手机关机放在抽屉里或者另一个房间，等工作结束之后再去看手机。

同理，当你要开始写作业时，要隔离一切诱惑：手机诱惑、电视诱惑、零食诱惑……隔离诱惑的办法不是面对诱惑考验自己的人性，而是一开始就远离它。

那有的同学要问：如果写作业时要用到手机怎么办？

我的答案是：先把手机放到抽屉里，需要用的时候用，一旦不用就关机或者把它放到另外的房间。

当然，干扰写作业或执行计划的，不仅有各种诱惑，还会有各种不良情绪的影响。

相信有不少同学有这样的体验：当你写作业之前，想到今天因为某件事和同学相处得不开心，或者老师说了一句话让你心里很不舒服，于是你一直闷闷不乐，长久地处于这种情绪之中，无法开始正式写作业。

人一旦处于不良情绪之中，便很难在短时间内抽离出来。所以，抵御不良情绪影响的最好办法就是隔离不良情绪，先不要去想某些不好的事情，可以等作业完成之后，再专门抽出时间去想、去处理这些事。

此外，克服拖延除了要主动隔离诱惑和不良情绪，还需要降低自己对于表现的预期，从最简单的事情着手立即行动起来，不要害怕自己做不好，也不要去看别人的进度，只专注于自己做事就好。这个方法实际上是对《拖延心理学》有关拖延症心理机制："自我价值感＝能力＝表现"的运用，通过主动降低对自己表现的预期，从而避免对自己的能力产生怀疑，也就避免了自我价值感的降低。

我们写作业拖延的原因除了有诱惑和不良情绪的影响外，还有我们往往会因为担心自己能否高质量地完成作业、能否在有限的时间里完成全部作业等畏难情绪而迟迟不愿意开始行动。

斯蒂芬·盖斯的《微习惯》能帮人们很好地解决因为害怕自己做得不够好、担心完不成目标而迟迟不愿开始导致的拖延症。他从 1 天 1 个俯卧撑、1 天写 50 个字、1 天看 1 页书这些简单到不可能失败的微习惯开始，两年之后就拥有了梦想中的体格，写的文章是过去的 4 倍，读的书是过去的 10 倍，由一个有点"宅"、有点"懒"、有点胖的普通人，逐渐转变为每周健身 3 次，有腹肌、自律，还出了书的成功人士。

所以，我们在写作业时，也要从最微小的事情做起，先写完第一道题就可以。你会发现当你写完第一道题之后，你也顺便就会往下写第二道、第三道……在惯性力量的支撑下，你会发现自己后面的题写得越来越快，拖延症也就不攻自破了。

由此可见，想要拥有强大的执行力和自律，就要主动隔离诱惑和不良情绪的影响，从微小的事情开始立即行动克服拖延！

4.3.2 建立微小的正反馈，将每日计划变成习惯

关于正反馈，我在"2.4 正反馈"一节中有专门详细的讲解。对于计划执行情况不断建立微小的正反馈，可以让你的计划执行得更顺畅，也才能建立起执行计划的良性循环机制，将每日计划最终变为行为习惯变成自律。

每日计划表执行情况的微小正反馈，就是从简单的事项做起，每完成一项计划就在后面画一个"√"或"☆"，及时地进行自我肯定与激励：告诉自己又完成了一项任务，可以奖励自己放松休息一会儿，或者做一会儿自己喜欢的事情，也可以奖励自己吃点儿小零食或听一首歌等，但一定要注意时间，否则就会影响到下一项计划的执行。

还记得我儿子小学一年级上学期开始在家写作业时，特别磨蹭，本来二十分钟就能写完的作业要磨到一个小时甚至两个小时左右才能写完。更让人崩溃的是，第二天到学校交作业时，他不是这项作业忘写，就是那项作业忘交了，因此经常受到老师批评。

后来我想了一个办法，就是给他专门准备了一个"作业记录本"，让他把各科老师布置的各项作业写到记录本上，并在前面用 1，2，3 等阿拉伯数字标上序号，后面写上完成这项作业预估的时间，然后采用"倒计时限时训练"，用手机闹钟进行倒计时，如果能在限定的时间内完成就在后面画一个"√"，完成一项休息一下，吃点水果或喝点水，当所有的作业全部完成画"√"后，就奖励他自由时间，让他做他自己喜欢的事情。

由于预估完成每项作业的时间相对宽松，所以他只要稍微用心都能完成，又由于他喜欢看动画片、听故事、看书，所以奖励他自由时间让他做自己喜欢的事，他就有了足够的动力去完成所有作业。

经过一段时间，他的磨蹭就被"治愈"了。直到现在，他写作业都能兼顾质量和速度，做到"又好又快"。

同样，相信当你看到自己完成计划后，计划表上画出越来越多的勾或五角星时，内心也会滋生出满满的充实感与成就感，再加上每日睡前对自己的进步进行简要总

结，可以将较大的进步写到"进步日记本"或"成功日记本"上，让自己每天的进步都看得见，你一定会为自己的进步感到高兴，内心会变得更加充实和快乐，也才会更有动力去执行接下来的计划。

通过以上方法形成执行计划的良性循环，才能将每日计划不断地执行并变为习惯，从而拥有强大的自律。

第 5 章

听课理解：充分重视课堂，高效听课是关键

来自同学们的困惑：

"为什么同样是听课，有的同学一节课下来就能基本掌握，而我却好像什么也没记住，感觉自己什么也没学到呢？"

"我听很多老师说过要提高课堂效率，但真的不知道该如何听课才能提高效率？我也问过很多人，他们也无法给我明确的答案。"

"我要怎样听课才能尽可能地掌握课堂所学知识呢？"

5.1 有效预习：高效学习的起点

5.1.1 优秀学子们普遍重视课前预习

细心的同学通常会有这样的感悟：预习以后听课，课堂注意力会格外集中，课堂学习效率也高；而没有预习就听课，即使注意力很集中，但听完一节课下来对知识还是会有些陌生和模糊，效果自然比不上课前预习之后听课的效果好。

我带过的一名优秀学子曾在介绍自己的经验时说："首先是上课之前一定要预习，这样不仅能够缓解听课的压力，而且能锻炼我们独立思考的能力。课前预习了，上课才能从容不迫，轻松把握课堂的学习。"

学习的一般过程是：预习—听课—作业—复习—考试。这些学习步骤环环相扣，只有每一步都有条不紊地做好，整个学习过程才会进入一个良性循环的轨道。

而最开始的预习，就像比赛中的合理抢跑，如果能一开始就抢跑领先，争取主动，当然就更容易取胜。有效预习最大的好处就是有利于唤醒我们的主体意识，改变我们被动学习的局面，使我们学习变得更加积极主动，从而形成学习的良性循环，提高学习效率。

因此，想要学习效率高，就要从正确的预习开始。

5.1.2　预习的常见误区

有关预习有以下几个误区需要注意避免：

1. 预习时间越长越好。

预习的时间过长，就会压缩我们用于完成当日作业和其他学习任务的时间，从而导致作业和理解、巩固知识的质量下降。如果为了完成学习任务而熬至深夜，就导致身心疲惫，影响第二天的精神状态，从而影响到听课效率。如果长久如此，就会影响到更长期的学习状态，导致学习压力和学习焦虑的增加，从而导致学习效果的下降。

我们预习新知识的时候一定要根据自身的条件和时间，做出合理的计划和安排，要在确保充裕时间留给复习、写作业等其他重要环节的基础上，建议在 15~30 分钟为宜。如果当天的作业多，我们应适当减少预习的时间，但预习是每日必要且必需的。

2. 预习越透彻越好。

预习过粗容易流于形式，无法起到预习应有的作用，但预习过细也无法达到应有的效果。预习毕竟不是"深度学习"，如果面面俱到，追求透彻学习与理解，是不切实际、不现实的。一是时间不允许，要预习的科目较多；二是初高中生的自学能力还没达到将知识预习一遍，就能透彻学习与理解的。

预习时企图"死磕"新知识，不仅可能解决不了问题，还可能使你对即将要学的新知识产生不良的情绪，产生挫败感，这就与我们预习的初衷背道而驰了。

3. 各科占用同样的预习时间。

实践证明，每科占用同样的时间来预习并非明智的选择，毕竟初高中每日的作业和学习任务繁重，用于预习的时间又是有限的。因此，预习的时间要根据自己学习的实际情况来安排：对于自己成绩好的学科可以用较少的时间来预习，应把大部分时间放在自己的薄弱学科上，才能最大程度地利用好预习的时间。

4. 用预习代替上课。

有些同学如果认为自己已经预习过，而且已经将知识都弄懂了，忽视听课这一环节，在听课的时候精力不集中，从而导致知识的理解不透彻、掌握不扎实，那就得不偿失了。因为预习是为了更好地听课，理解、突破自己还没真正弄懂的知识，从而提高上课效率，取得更好的学习效果。

5.1.3 预习的主要目的和关键

那么，预习到底要达到什么目的才是科学的预习呢？

预习不同于听课，总体来说就是要提前感知课本，初步处理加工知识，为新课的顺利进行提前扫除障碍。

一般而言，预习要达到以下几个目的：

一是通过浏览课本，对下一节课即将所学的内容及层次有大致的了解和整体的感知。

二是"温故知新"，巩固复习与查漏补缺旧知识，初步理解新知识，能把新旧知识进行浅层次的有机联系。

三是找出课本中的重点、难点和自己感到费解疑惑的地方，并做好标记，以便听课时着重听老师讲解，集中精力理解和突破这些知识。另外，对那些似是而非、似曾相识的知识也一定要特别注意理解、弄清。

四是了解课本后的习题，对于难度较大的问题可做记号，等老师授课时注意听讲或等老师下课后及时提出，以便真正弄懂、弄透自己感到困难的知识和习题。

简而言之，预习实际上就是要从思想上、心理上及知识上提前做好听课的准备。

如何更好地达到预习的目的，使预习变得更有效呢？

真正学会质疑和独立思考并发现问题是有效预习的关键。

每一次进行预习，都要尽量抓准课本中的要点和重点，找准课本的难点和自己的易混易错点，能否全部掌握或是解答问题并不是最重要的，真正学会质疑和独立思考并发现问题才是关键。

这样，带着质疑和思考去预习，不仅能让我们带着问题去听课，还提高了课堂专注力，提高课堂效率和课堂学习质量。这样的预习还能助力我们养成自学能力，提升我们持久学习、终身学习的能力。

5.1.4　科学高效预习的步骤与方法

科学高效预习的步骤一般可分为以下五步：

第一步：通读浏览课本，对即将所学的内容及层次有大致的了解和整体的感知。可以尝试写出知识提纲，并"温故知新"，巩固复习与查漏补缺旧知识，把新旧知识进行浅层次的有机联系。

第二步：认真通读课本，边读边思考。可以结合以前学过的知识和自己生活实践中的经验来进行理解，如果是数理化学科需要注意：概念的理解，概念是基础当中的基础；公式或例题过程的推导与理解，应特别注意将不懂的地方打问号，并简要写明不懂的原因，目的是在听课时加以解决。找出课本的重点、难点、疑点、易混易错点，可以适当地做笔记或批注。

第三步：利用工具书、参考书尽可能扫除自己预习过程中的基本障碍。不少高考优秀学子都建议，对于预习效果不好的同学可以选择一本好的教辅书辅助预习，不仅内容质量高，知识点归纳齐全，例题讲解也很透彻，可以轻易看懂并举一反三，重难点、易混易错点也都总结归纳到位。当然，如果还有不懂的地方，一定要做好标记，等上课时认真仔细听老师讲解，如果听课后还有不懂的地方可以在下课后问老师，及时弄懂。

第四步：读完课本后总结完善知识提纲，围绕知识提纲回忆课本讲了哪几方面内容，每个方面是怎样展开的，这些知识内容里的重点是什么，难点是什么，疑点是什么，易混易错点是什么，自己还没有弄懂的知识有哪些，等等。

第五步：这一步视自己的时间而定。如果时间允许的话，可以把课后练习题中的每一类型都找一道题试着做做，检查一下预习的效果。对于特别难的习题，一定要做上标记，等老师授课时弄懂或等老师下课后及时问清楚。

相信通过以上五个步骤，你对新课的内容就会有一个初步的、整体的印象。这样，带着知识提纲和重难点、易混易错点和疑惑点去听课，不仅有助于突破重难点，把握易混易错点，弄清疑惑点，而且有助于全面掌握所学知识。

当然，在这里需要再次提醒大家的是：预习必不可少，但时间应尽量控制在15~30 分钟为宜。如果时间真的很有限，可以加快预习的节奏，"浅尝辄止"即可，千万不可挤压复习和作业的时间；在预习的时间分配上，应多留一些时间给弱势学科进行重点预习，这样才能更好地提升自己战胜弱势学科的信心，从而提升弱势学科的学习效率和效果。

至于预习方法，常见以下几种，大家可以选择性地运用，也可以综合起来加以运用：

1. 定量预习法。

初高中阶段，开设的课程多，每天需要完成的作业也多，预习的时间很有限。同学们应根据自己的实际情况，来确定重点预习的科目、内容、时间等，从而提高预习的效率，这就需要用到定量预习法。

所谓定量预习法，实际上就是根据自己的生活学习规律，制定一个科学的预习计划，定好需要预习的科目、时间、内容、数量和期望达到的质量。

只有做好科学的预习规划，才能更好地利用有限的时间，最大限度地提高预习效率。

2. 浏览预习法。

浏览课本，了解主要内容。通读一遍课本之后想一想：下节课老师要讲哪些内容？与新课相联系的旧知识有哪些？自己是否读懂了，还有什么地方不理解？上课时应着重听老师讲什么？

在预习时间特别有限的情况下，可只采用浏览预习法。

3. 提纲预习法。

所谓提纲预习法，就是通过预习，把所学的内容列成有逻辑联系的框架提纲，使之脉络清晰，层次分明，重难点突出。

提纲预习法主要运用于语文、历史、地理、生物、政治等学科。运用提纲预习法，可以提高预习效率，加深对课本内容的理解和记忆。

4. 思考预习法。

预习不能走过场，要讲究质量，而预习质量的高低主要看是否进行了独立思考。因此，要想提高预习质量，就必须用思考预习法。

思考预习法着眼于发现疑难，提出问题，边读边思，多问几个为什么，努力挖掘新旧知识的联系，尽力弄懂课本中的每一个新概念。预习完课本内容，再回过头来想一想："哪些弄懂了？哪些还不明白？哪些是重点？哪些是难点？哪里还有疑点？"对于疑难问题，自己想办法寻求解答，对实在难以理解的问题，争取上课听懂，还有不懂的地方可以问老师或与同学商量弄懂。

5. 笔记预习法。

所谓笔记预习法就是在边预习课本时边勾画、圈点、批注。

可以用黑笔在自己已经能基本弄明白的知识点旁打一个"√"，或者做一行简单批注，旨在提示自己：这部分内容我已经差不多弄懂了，上课时只需要跟着老师的讲解再理顺一遍就行；用红笔标注预习后仍存在的疑惑或者没弄懂的知识点，还可以用红笔列一个问题清单，以更加明确自己存在的问题，增强听课的针对性。

总之，科学、高效地预习是学习良性循环的开端，也是高效学习的起点，只要你能坚持下去，相信你的学习定能迈入良性循环的轨道，成绩也定能得以不断提升。

5.2　用心听课：高效学习的关键

5.2.1　课堂是学生学习的主阵地

学校学习的主渠道是课堂，课堂是学生学习的主阵地。

对于初高中生而言，一年 12 个月有 9 个月都在学校，一周 7 天，至少 5 天在学校，一天 12 个小时，至少 8 个小时在学校（寄宿制更多），一节课 45 分钟，一天至少 8 节课共 360 分钟，6 个小时都是课堂时间，因此，学生的学习主要就是在学校课堂上进行和完成的，如果课堂上学不好或者不好好学，想着靠课后时间再去补，显然是行不通的。

课堂学习的效果千差万别。据我近二十年的教学经验观察，学生在课堂上的学习和状态基本可以分为这样五个层次：特别专心，注意力非常集中，认真听老师讲，边听边思考，将老师所讲知识及时理解吸收内化为自己的知识，积极回答老师的问题，听课效率高学习效果好；注意力比较集中，认真听老师讲课，听课效果较好，但自己积极主动思考有所欠缺；注意力一般，也在听老师讲，但重难点、易混易错点不明确，听课效果一般；注意力不集中，思想容易开小差，表面上看起来在听老师讲课，实际上根本没听进去或者偶尔听进一些，一节课大多数时候都在想自己的心事；心思完全不在学习上，根本不想听课，课堂上要么睡觉，要么在下面看小说，要么和同学偷偷说话聊天。

正是听课效果的五个层次导致学生的学习水平不同。

5.2.2 优秀学子们把用心听课排在学习的第一位

每年的优秀学子们，在介绍自己的学习经验时，几乎不约而同地把用心听课排在了学习第一位。

我校一位考上北大的优秀学子，在给学弟学妹们介绍经验时强调：上课时一定要专心听讲，不要觉得预习过，没有发现难点，这节课就不用听了。因为老师的讲课就是与学生面对面交流的过程，这个过程中老师不仅仅传授知识，更重要的是教给我们思考的方法，使我们下次能够独立解决问题。所以，课堂用心听课很重要！

由此可见，作为一名学生，要想学习好，就必须坚守课堂主阵地，在课堂上排除一切干扰，集中精力认真听老师讲课，边听边思考，及时理解消化吸收知识，总结复习当堂知识，不错过任何一个知识点。如有不懂就及时做好标记，下课立即找老师找同学问清弄懂，不累积问题。

相反，如果不好好利用课堂，错过了老师对重难点、易混易错点等知识的讲解，就会需要在课下花费更多的时间去弥补。你会发现：一是根本没那么多课余时间去弥补，二是补救的效果很难赶上课堂老师透彻讲解的效果。因此，错过课堂想要课下弥补，就等于在剜肉补疮，百害而无一利。

5.3　明确提纲和目标：取得听课效果最大化的关键

5.3.1　取得听课效果最大化的关键

曾经有位家长问我："我听很多老师说过要提高课堂效率，我也想要指导孩子提高听课效率，但真的不知道该如何听课才能提高效率。我也问过很多人，他们也无法给出明确的答案。"我相信这位家长的困惑也是很多家长和学生的困惑。

那到底要怎样听课才能取得效果的最大化呢？

据我近二十年的教学经验观察和分析：要想取得听课效果的最大化，就必须明确每节课的知识提纲和学习目标。因为教师的教学也是围绕知识提纲和学生要达成的学习目标展开的。

学生如果一节课听下来不能明确：老师这节课主要讲了哪些知识？这些知识是怎样生成和展开的？老师是怎样举例说明或推导论证的？这些知识哪里是重点知识，哪里是难点知识，哪里是易混易错点，哪里是我的疑惑点？我都弄懂了吗？哪里是还不明确或还没完全弄懂，需要下课及时问老师弄懂的？那么，这节课的听课效果就乏善可陈，或者可以直接说没有什么效果。

因此，明确每节课的知识提纲和学习目标是取得听课效果最大化的关键。

5.3.2　尖子生与普通生在听课效果上的区别

当然，不同的尖子生有不同的做法：有的同学通过预习和参照参考书，在每节课上课前就明确了每节课的知识提纲和学习目标，上课时用心听老师讲课，进一步完善和理解知识提纲和学习目标；有的同学是在课堂上边听课边注意老师板书的知识提纲以及提出的学习目标；有的同学是在下课时及时地归纳总结一节课所学的知识，从而形成知识提纲，进一步确认学习目标。

事实证明这三种做法都很有效，无论哪一种都能让学生取得很好的听课效果。当然，我个人更赞成第一种做法，就是通过预习和参照参考书，在每节课上课前就能明确知识提纲和学习目标。这样，听课时就能做到目标更明确，学习更有针对性。听老师讲课和课后及时复习都是在进一步完善、理解和回顾提纲和学习目标，会比后两种做法目标更明确，重复次数更多，效率更高。

现实的学习生活中，很多同学其实并不知道如何听课才能取得更好的效果，也从未思考过这样的问题，他们只是被动地听，老师讲什么他们就听什么，一节课结束，能在脑海中留下的只是老师讲的有趣的故事或一两个有些印象的知识点，他们既不预习也不复习，也不知道或者也没关注每节课的知识提纲和学习目标，然后按部就班地去做老师布置的作业。

面对这些学生，最重要、最关键的就是要取得更好的听课效果，而要想取得更好的听课效果，最重要、最关键的就是要在听一节课后在心中能明确这节课的知识提纲和学习目标，以及自己的理解和达成情况。

5.4　紧跟老师思路：也就抓住了一节课的精华

5.4.1　抓住老师的思路也就抓住了一节课的精华

要想明确并很好地掌握一节课的知识，达成学习目标，最省心且高效的方法当然是紧跟老师的授课思路认真听课，边听边思考，及时理解消化吸收。因为老师在讲课之前已经将知识研究透彻，我们只需要"拿来"并吸收内化为自己的知识，就能"站在巨人的肩膀上"了。在听课时，如果我们能够抓住老师的思路，也就抓住了一节课的精华，就能取得良好的学习效果。

曾经听我们这儿的一位中考优秀学子介绍学习经验，他说自己会全神贯注地听老师讲课，并在笔记本上简要记录老师的授课思路。授课思路不仅包括主干知识脉络，也包括老师列举的事例和证明过程。很多人之所以上课效率不高，原因在于他们只是表面地听了老师讲课，却没有真正用心去梳理老师的授课思路，没有弄清知识的来龙去脉，有不少同学上完课甚至都不知道自己究竟学了些什么。不跟上老师的授课思路, 不梳理一节课老师所讲知识的脉络, 听课的效率低下, 自然也就谈不上什么学习效果。

5.4.2　怎样才能紧跟老师的授课思路

那怎样才能紧跟老师的授课思路呢?

1. 端正听课态度, 明白自己为什么而学, 心怀理想, 有自己的学习目标, 明确每一节课都是吸收知识的机会。做好课前准备, 调节好情绪, 无论自己喜欢不喜欢, 都要充分重视每一科, 用积极热情和饱满的精神状态进入到课堂学习之中。

2. 通过预习, 带着知识提纲和学习目标听课, 边听边理清老师的授课思路, 将自己预习时所理解的知识提纲与老师的授课思路进行比较, 寻找差别, 查漏补缺, 自然可以紧跟上老师的授课思路。

3. 关注老师的提问、举例论证或推导过程。一般来说, 老师会在讲授知识的关键节点前设置问题, 这些问题往往会有启发和引领的作用, 若能抓住老师提出的问题深入思考, 就能抓住老师的授课思路。此外, 老师在讲解关键知识点时, 都会列举典型事例进行论证或者引导学生进行详细过程的推导。所以关注典型事例的论证过程或者详细推导的过程, 不仅能很好地紧跟老师的授课思路, 还能很好地深入理解老师所讲授的内容。

4. 关注老师分析问题以及解决问题的方法。各科都有相应的学习方法, 比如语文课上, 老师在分析记叙文时, 要从时间、地点、人物、事情发生的起因、经过和结果, 这六个方面进行分析; 数学课上, 解数学题时, 老师会用到设未知数法、反证法、配方法、因式分解法等方法……所以, 紧跟老师的授课思路, 也要关注老师分析、解决问题的方法, 因为掌握各科的学习方法也是学习的精华所在。

5. 听老师讲授时要结合自己所学知识和经验进行理解和领悟, 积极回答老师的问题, 这些做法都可以让自己更好地紧跟老师的授课思路。当然, 如果有不懂的地方自己的思维一定不要"卡壳停顿", 否则无法继续跟上老师的思路。对于自己不懂的地方, 做好标记留待下课再及时地问老师或问同学弄懂。

6. 及时复盘老师的授课思路, 包括授课提纲、举例论证或推导的过程。明确老师所讲的重点、难点、易混易错点，查看自己对这些知识都弄懂理解透彻没有，如果还有疑惑点，就要及时做好标记，并问老师或问同学理解掌握。

5.4.3 注意规避的错误做法

我们要做到紧跟老师的授课思路走就要注意规避以下错误做法：

1. 不重视课堂，不重视老师的授课，觉得自己也能学会。

有这种想法的学生往往眼高手低，很难真正去理解、学会知识。还有些学生认为课下再补也行，很多事实证明，利用课余时间去弥补，不仅要花费更多的时间，而且很难达到理想效果。

2. 对自己不喜欢的科目或者听不懂的科目，采取回避和排斥的态度。

不注重调节自己的情绪和状态，不转变自己的看法和思路，回避排斥老师讲课，时间久了，问题就会越积越多，由单科成绩下降导致的总成绩下降，会让一个人逐步丧失对学习的兴趣，也失去对自己的信心。

3. 只是单纯地听、被动地听。

老师讲什么就听什么，没有听课的目标，也不关注老师的授课思路。一节课下来头脑还是一片空白或者在脑海中留下的只是老师讲的有趣的故事，又或者只有一两个零碎的知识点。这样的听课只是走形式，起不到没有任何效果。

4. 只注重记笔记而忽视对老师所讲知识进行理解消化吸收。

有的同学为了紧跟老师的授课思路，恨不得将老师讲的所有内容都记下来，于是上课拼命记笔记、抄板书。其出发点是好的，但只注重了表面形式，而没有真正深入理解老师所讲的精华，从而需要花费更多的课外时间去理解课堂上老师所讲的内容，效率低下，得不偿失。

5. 在听老师讲课的过程中，遇到不懂的问题急于弄懂。

听课时思维一直停留在不懂的问题上，而无法继续紧跟老师的授课思路。正确做法是将不懂的问题先做好标记放到一边，留待下课解决，然后继续听老师讲后面的内容，从而做到紧跟老师的思路走。

5.5 听课的流程、原则和方法："听懂每节课"是优秀学子们的法宝

5.5.1 高效听课的三大流程

教育专家通过对中考优秀学子和高考优秀学子的研究发现："听懂每节课"是这些优秀学子们取得高分的第一法宝。所谓"课堂走神 1 分钟，课后摸索半天功"，把握课堂提高听课效率对学习至关重要。

为了紧跟老师的思路，尽可能高效率地吸收老师所讲知识，就必须优化听课的流程、原则和方法，从而提升听课的效率和效果。

高效听课的三大流程：

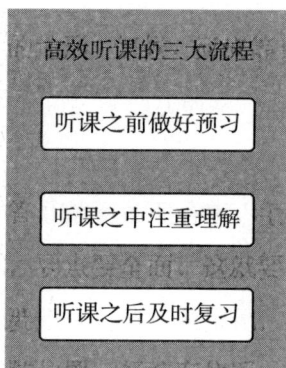

高效听课的三大流程

听课之前做好预习

听课之中注重理解

听课之后及时复习

1. **听课之前做好预习**。

一节课的时间总是有限的，而中学所学的知识量越来越大，对学生的能力要求也越来越高，不是单纯地死记硬背就能达到学习的要求。如何才能在有限的课堂时间里既掌握知识，又为思考留出更多的空间呢？

这就需要预习。

通过预习，可以提前熟悉知识，了解知识提纲和学习目标，从而做到有针对性地听课，紧跟老师的思路，积极回答老师的提问，保持积极的听课状态，更好地突破重点、难点、易混易错点，从而更高效地掌握每节课所学。

所以，预习是助力高效听课，形成学习良性循环的一种重要手段。

2. 听课过程中注重理解。

初、高中学习对学生的素养和能力提出了更高的要求，并非死记硬背就能有好成绩，所以听课过程中只有注重理解，才能更好地掌握所学知识，并达成素养和能力目标。

对于初、高中知识，尤其是理科知识而言，死记硬背效果很差，所以课堂上一定要集中精力，注重理解老师所讲知识。有些同学错误地认为，只要把老师的板书和所讲内容都记上，课下再慢慢研究就行。这种想法非常错误，这样很容易错过老师对重点知识的讲解。我们在课堂上一定要注重理解老师的授课思路和所讲内容，而不是一味地抄板书，我们只需要把重点的知识简明扼要地记录下来即可。

3. 听课之后及时复习。

有了前面的预习和认真听课，能够保证我们记忆和理解的深度。但遗忘是一种自然规律，而对抗遗忘最有效的方法就是复习。

因此，我们在听完一节课后，还应及时复习以便巩固当堂所学，每天要及时复盘当天所学知识，并形成有计划性的复习习惯，从而将所学知识深深地印入到脑海，尽可能形成长期记忆，以便做题应用时能随时提取所学知识。

5.5.2　高效听课的四大原则

1. 保持身心健康，课间放松休息，为课堂 45 分钟能够保持高度集中注意力的状态储备足够的脑力和能量。

2. 调节听课的情绪和状态，即使对于自己不太喜欢的课，也要从提升中、高考总成绩和促进自我发展的角度，来说服自己改变听课态度，从而以积极进取的情绪和状态进入课堂。

3. 听课时，既不能过于紧张也不能过于放松，而应该紧随老师的节奏，有急有缓，合理分配注意力，注意力长时间过于集中或分散都不好。对于老师讲的重难点和易混易错点，一定要高度集中注意力，而对于老师讲的题外话，应该在此时适当放松紧张的神经，以免长时间紧张造成脑神经疲劳，反而容易使听课的注意力涣散。

4. 课堂结束后，不要着急写作业，而应对老师所讲的知识先进行复习回顾。可以闭上双眼，把听课的重要内容像放电影一样再回放一遍，从而把老师所讲的内容真正印在脑海里。复习回顾之后再写作业，写作业的效率才会更高。

5.5.3　高效听课的六个经典方法

1. 目标听课法。

上课之前对所学知识提前预习，可以借助参考书，明确知识提纲和学习目标。这样，带着知识提纲和学习目标听课，听课的目标会更明确，学习也会更有针对性，当然，学习的积极性和主动性也会更强，学习的效率和效果也就会更好。

2. 质疑听课法。

"质疑"即提出疑问。古人云："学贵有疑，小疑则小进，大疑则大进。"人们对于新知识的获得，能力的提升发展，都是在不断地质疑中实现的。

听课前的预习，遇到不懂的问题，可以列一个问题清单，带着这份问题清单听课，听课会更有针对性，课堂参与也会更加积极主动。

听课时，对自己思考后还未明白的问题可以及时举手请教；对老师的讲解、同学的回答有不同看法的，也可以提出疑问。

这种方法可以让我们能始终集中注意力听课。

3. "五到"听课法。

"五到"即耳、眼、口、手、脑都动起来，多感官并用，全身心地参与到听课活动中。"五到听课法"由于调动了身体的多个感官，能让人全身心沉浸到课堂之中，是效率最高的听课方法之一。

4. 要点听课法。

听课最重要的是要学会听要点、重点，要根据知识提纲和学习目标，抓住老师讲课的思路，重点、难点和易混易错点，而不是平均地全部都听，全听反而会导致抓不住重点要点。比如：老师为了活跃气氛讲的玩笑话，为了说明一个问题举了很多例子，有的例子很经典必须听，但有的例子可能就和课本无关，甚至不能很好地证明知识。我们不需要全盘接受，只需记住重点、难点、易混易错点，以及老师的论证过程和推导过程，要灵活地去掉无用信息。事实证明，抓住要点听课的效果要比全部都听的效果好很多。

5. 笔记助听法。

记忆力再强的人也不可能把老师所讲的话和板书全部都记住，因此，听课必须做好笔记，特别是要做好重点、要点的笔记。这样不仅有助于理解，还有助于长期记忆。比如：要做好重点板书、提纲的笔记，老师补充知识的笔记。在课本上做笔记时，遇到重点语句可以用"_"；遇到重点词语时可以用"△"标注；对于自己有困惑的问题打上问号。当然，只要自己懂得、自己理解的符号都可以用。采用这种方法时切忌为记笔记而忽视对老师所讲知识的理解，记笔记的目的是更好地理解和掌握知识。

6. 主动参与法。

课堂听课的过程中一定要积极参与，紧跟老师的讲课思路走，注意力要高度集中，积极回答老师提出的问题，主动参与老师安排的课堂活动。这样不仅能促进你积极思考，加深对所学知识的理解，而且能及时发现自己理解的薄弱点和知识掌握的漏洞，以便及时查漏补缺。当然，在主动参与的过程中还能提升思维品质和各方面的素养和能力，从而为终身成长打下良好基础。

5.5.4 当堂知识当堂消化

初中、高中的很多同学，上完一天的课后会发现要记忆的东西实在很多，还有各科要完成的作业，根本没有足够的时间把一天所学的新知识回过头再仔细复习一遍，并做到理解、记忆、消化吸收。

其实，只要改变听课方式，提高每节课的课堂效率，坚持当堂知识当堂就消化，绝不拖到放学之后，就能解决上述问题。

在中、高考中取得优异成绩的学子们在介绍自己的经验时，几乎都谈到了要提高课堂效率，当堂知识要当堂消化。

一位中考成绩优异的同学谈到她的学习方法，其实也很简单，就是课堂紧跟老师的思路，理解老师所讲内容的逻辑性，同时还注意抓住老师写字、沉思等停顿的短暂时间，快速地复习刚刚学过的内容，经过这样多次反复，当堂就可以把老师一节课所讲的知识基本都记住。

我校 2017 年高考总分 703 分、考入北京大学的一名学子，提及他的经验，他认为上课的 40 分钟是最重要的，要时刻跟着老师的思维走，认真听老师讲的每一句话，当堂就及时消化老师所讲的知识，这比课下补习要有用得多。

所以，紧跟老师的思路，当堂知识当堂消化，有问题及时间，是中、高考中取得优秀成绩的学子们的共同法宝。

那么，如何才能做到当堂知识当堂消化呢？

1. 集中注意力紧跟老师的思路听讲。

课前做好预习，课堂要带着知识提纲和学习目标，集中注意力认真听讲，紧跟老师的思路，边听老师讲边进行理解和消化吸收，对于不懂问题及时做好标记。

2. 利用课堂老师预留的消化时间强化。

要充分利用课堂上老师安排给学生的自学、讨论时间，认真阅读并分析课本知识，积极参与讨论并解决疑难问题，抽时间快速识记、强化理解所学内容。对于难点，老师讲完后一般也会在课堂上预留一些时间，让学生自己理解消化，所以，要好好利用这些时间，不会的地方及时问老师弄懂。

3. 利用老师讲解的空隙时间及时回顾。

在老师讲解的间隙，比如板书、停顿的时间，不要走神发呆浪费这些时间，而应充分利用这些时间，迅速回忆老师刚才讲的内容，思考所学知识的内在联系，以便及时对知识进行消化吸收。

4. 做好课堂练习并及时复习和查漏补缺。

老师为了帮助学生巩固所讲知识，一般都会在课堂让学生做几道典型的课堂练习题，以检测重、难点知识掌握的情况。我们要认真对待这些课堂练习题，利用这些课堂练习题来复习、巩固所学的重、难点知识，并发现问题和及时查漏补缺。

5. 留心关注老师的总结和结束语。

老师下课前的总结和结束语，一般都是老师对一节课所教内容的精练概括，这个时候一定要留心关注，它们有助于自己把握一节课老师所讲知识的整体和精华，用心听的时候最好同步记录下来。

6. 利用下课后的 2~3 分钟及时复盘。

利用下课后的 2~3 分钟，及时复盘老师的授课思路，包括授课提纲、举例论证或推导的过程。明确老师所讲的重点、难点、易混易错点，查看自己是否对这些知识都理解透彻，如果还有疑惑点，就要及时做好标记，并问老师或问同学真正理解掌握。

7. 将不懂的地方列出问题清单及时问老师弄懂。

充分利用下课前或下课后的几分钟，把课堂上没听懂的问题列一个问题清单，及时找机会问老师，弄懂一项划掉一项。将自己不会的问题全部弄懂学会，知识也就基本掌握了。

总之，只有做到当堂知识当堂消化，有问题及时弄懂，才能提高学习效率，避免陷入"上课效率不高—回家加班加点弥补—熬夜开'夜车'—第二天上课效率低下—回家加班加点弥补—熬夜开'夜车'……"的恶性循环之中。

第6章

消化吸收：做好笔记和复习，高效吸收所学

来自同学们的困惑：

"为什么要做笔记？"

"笔记到底怎样做才能高效吸收老师所讲知识？"

"老师，为什么我对学过的知识没有印象？"

"为什么我考前明明复习了也背了，可到了考场一紧张就想不起来了呢？"

6.1 记笔记的目的：助力理解吸收，提升课堂效果

6.1.1 明确做笔记的目的

每年中、高考结束后，都会有家长们寻求甚至不惜高价购买中、高考取得优异成绩的学子们的笔记，以期找到高分秘籍。

他们的行为虽然夸张，但也反映出笔记对于学习的重要性。

俗话说："好记性不如烂笔头。"记忆力再好的学生，都不可能长久地将老师所讲的每节课的知识点都记在脑海里，这就需要依赖笔记。

事实上，那些成绩优异的优秀学子们，都有记笔记的好习惯。

不过，虽然优秀学子们的笔记确有参考性，但直接挪用他们的成果而非自己亲自总结，是很难有针对性地提升自己学习的。所以，借鉴优秀学子的笔记之前，更重要的是我们自己要学会高效地记笔记，从而更好地吸收所学知识。

针对记笔记，我们既不能不记笔记，也不能将记笔记置于听课理解老师讲课内容之上。做笔记的目的和价值在于帮助我们更好地理解吸收所学，提升课堂效率，更高效地复习和记忆，从而助力我们提升学习力。

6.2 记笔记与听课：处理好两者关系才能提升学习力

6.2.1 学会有效记笔记的好处

学会有效地记笔记对我们每位同学来说都很重要，有以下好处：

1. 记笔记能够使我们在听课时更好地把注意力集中到课堂，保证自己紧跟老师的授课思路。同时，记笔记是一个积极思考的过程，可以调动我们的眼、耳、手、脑多个感官，更好地促进我们对课堂内容的理解。

2. 通过笔记可以记录老师在讲课中讲到的一些课本上没有的东西，如课文的中心思想、写作的方法和技巧，解题的思路和方法、典型的事例或题例等，这样不仅能增加自己的知识积累，也有助于总结提升自己的学习方法。

3. 通过记课堂笔记，我们不仅能将课本上丰富、复杂的学习内容提纲挈领地串联起来，从而更好地理解和记忆课本知识，还有利于促进我们整理自己的学习思路，更好地掌握所学内容，同时记听课笔记对我们课后巩固所学知识、阶段性复习都大有裨益。

总之，学会有效地记笔记好处多多，但如果因此而错过了听课，则会得不偿失。

相信不少同学都有这样的体验：老师在讲解重点知识或者分析试题、讲解思路的时候，我们记笔记的速度往往跟不上老师讲课的速度。同时，我们的注意力很难同时专注于多件事情，我们既要听老师的讲解，还要试图理解知识的论证过程或公式的推导过程，还要一边思考笔记怎么记，这样很容易手忙脚乱，造成听课没听完整、理解不透彻、记笔记也断断续续，以至于几件事情都没做好，课堂效率自然也好不了。

6.2.2 如何更好地兼顾听课和记笔记

首先，我们需要明确有效笔记应该记些什么？

1. 记录老师的讲课提纲。

老师的讲课提纲一般都是经过提炼概括的精简提纲，也是老师讲课的线索和依据，一节课的内容就是围绕讲课提纲展开的。所以，老师的讲课提纲一定要记下来，可以利用老师板书的时间或者下课后的几分钟记录提纲。记好提纲，一方面可以帮助我们理清老师的讲课脉络，更好地把握所学内容，另一方面也可以帮助我们复习的时候迅速找到知识的线索，提高复习效率。

2. 精简记录老师的分析思路。

对于知识的论证过程，或者公式的推导过程，或者解题的分析过程，我们一定要认真听老师的讲解，边听老师讲解时边用关键词精简记录老师的思路分析。这样做一方面可以帮助我们更深入地理解老师所讲，另一方面如果中间有不懂的内容，我们及时做上标记，也有助于课后进一步理解。当然，老师在讲解这些重要内容时，一定不要把精力过于集中在记笔记上，而忽略老师的分析思路。

3. 标记重点、难点、易混易错点和常考点。

老师讲课时，一般都会把重要内容圈画出来或者用彩色笔写出，以此来引起我们的注意。我们也要在做笔记时像老师一样，最好用彩色笔标记重点、难点，记易混易错点和常考点。这样，我们的笔记就能重难点突出，易混易错点和常考点明确。

4. 记录老师提示的、重复的和补充的内容。

在讲课的过程中，老师经常会提示我们做笔记，还会重复强调一些重点内容，也会补充某些常考的但课本上没有的重要知识点、推导出的二级公式、典型例题或事例、解题的方法和技巧等，这些内容对我们更好地掌握所学知识、运用做题有非常大的帮助，因此绝对有必要记录下来。

5. 随时记下自己的疑惑和心得感悟。

学习提升的过程一定是自己理解感悟的过程，无论是对知识点的理解还是解题的方法和技巧，或是对知识的运用总结等，只要是自己的心得感悟，抑或自己感到困惑和有疑问的地方，都是珍贵的、值得重视的，随时记录下来，及时弄通、弄透，整理总结，就可以不断提升自己对学习的理解力和感悟力，从而提升自己的学习能力和水平。

其次，我们还要明确，什么时候记笔记比较合适？

可以在老师讲课的时候边听边记，可以充分利用老师板书的时间来记笔记，可以利用老师讲题外话的时间记，也可以在老师安排学生活动的时间里抓紧挤些时间来记，还可以先简要写出关键词，课下抓紧时间把笔记补上。

总之，我们要学会利用时间来记笔记。但请记住：记笔记一定是建立在认真听老师讲课思路、认真理解的基础上的。要不断训练和提升自己通过理解概括总结所学内容的能力，这样记笔记才能有效提升自己的学习力。

6.3 两种经典笔记法：高效笔记才能助力更高效地学习

6.3.1 在课本上做笔记法

直接在课本上做笔记，其实是非常简便又实用的方法。

在听课的过程中用专门笔记本进行记录，有时候会比较麻烦，因为老师讲的部分重要内容，其实课本上都有，但有的同学为了笔记的完整性，又要专门抄一遍。一旦所记的内容过多，就很难跟上老师的思路，很难兼顾听课和记笔记。但在老师所讲课本的内容旁边，批注上老师所讲的相应的内容，比如补充的知识点或者强调的易混易错点等，就会非常方便。

再加上我们做笔记的目的，其实就是为了更好地理解、吸收课本知识，更高效地复习和记忆。所以直接在课本相应位置做笔记，不仅有助于我们直接深化理解课本知识，而且有助于我们在复习时迅速、便捷地查找到我们需要的知识和笔记。

我教过的一位 2017 级的优秀学子介绍自己的学习经验，主要就是紧跟老师的节奏学习，把课本学透。他提及自己的课堂笔记，刚开始老师的板书和讲课的主要内容他都会记下来。可是后来他发现老师讲的内容基本上都是基于课本的，所以他后来就直接在课本上记笔记了，觉得这样比记在笔记本上更简单、更方便，复习起来也更实用。

当然，有的同学喜欢把笔记写在笔记本上，有的则喜欢把笔记记在书上，也有的同学是两方面兼而有之。你可以根据自己的实际情况进行选择。

如果在课本上做笔记，需要规划好课本可利用的空间，形成自己相对固定的记笔记习惯。这样不仅有助于理清思路，更好地理解课本知识，提升课堂效率，而且有助于复习时清晰明了，提升复习效率。

如何在课本上做笔记才能高效吸收知识呢？

以下图为例。

我们生活的世界充满希望，也充满挑战，我们不能因现实复杂而放弃梦想，不能因理想遥远而放弃追求。

——习近平

唯物辩证法的实质与核心

事物发展的源泉和动力是矛盾

阅读与思考

爱因斯坦创立的光量子学说一发表，就在科学界引起了强烈反响。一位朋友问他："光究竟是什么？是波还是微粒？要知道，两者不能并存，不是这个，就是那个！"爱因斯坦听后，激动地说："不是这个，就是那个？为什么不可以既是这个，又是那个呢？光既是波，又是微粒，是连续的，又是不连续的。自然界喜欢矛盾。"

● 爱因斯坦对光的看法包含了什么哲学道理？
● "自然界喜欢矛盾"，这里所说的"矛盾"是什么意思？

相反的东西结合在一起，不同的音调造成最美的和谐。
——赫拉克利特

世界上的一切事物都包含着既相互对立又相互统一的两个方面。矛盾概念反映的是事物内部的对立和统一关系。矛盾就是对立统一。矛盾的对立属性是斗争性，矛盾的统一属性是同一性，它们是矛盾所固有的相反相成的两种基本属性。

阅读与思考

◆ 老子说："天下皆知美之为美，斯恶矣；皆知善之为善，斯不善矣。""有无相生，难易相成，长短相形，高下相倾，音声相和，前后相随。""天下之至柔，驰骋天下之至坚。""知其雄，守其雌。""知其白，守其黑。""知其荣，守其辱。""兵强则灭，木强则折。""祸兮福之所倚，福兮祸之所伏。"
◆ 孙武说："乱生于治，怯生于勇。""投之亡地然后存，陷之死地然后生。"

● 善恶、有无、难易、长短等为什么可以相互依存？
● 荣辱、强弱、祸福、治乱等为什么可以相互转化？

悬挂在山崖上的两个人构成一种动态平衡

★四、矛盾的基本属性：同一性、斗争性含义及关系原理及方法论

矛盾基本属性的含义

矛盾的同一性，是矛盾双方相互吸引、相互联结的属性和趋势。它有两方面的含义：一是矛盾双方相互依赖，一方的存在以另一方的存在为前提，双方共处于一个统一体中；二是矛盾双方相互贯通，即相互渗透、相互包含，在一定条件下可以相互转化。

矛盾的斗争性，是指矛盾双方相互排斥、相互对立的属性。它体现着对立双方相互分离的倾向和趋势。

◆◆◆ 相关链接

哲学上所说的"斗争性"与日常生活中所说的"斗争"，既有联系又有区别。日常生活中所说的"斗争"，仅仅是矛盾斗争性的一种具体形式。哲学上所说的"斗争性"，包括一切差异和对立，机械运动中的吸引与排斥，物理运动中的阴电与阳电，化学运动中的分解与化合，社会生活中的阶级压迫和阶级斗争，人民内部不同利益和意见的分歧，思想领域中正确观点与错误观点的对立，等等，都是矛盾斗争性的不同形式。

阅读与思考

求同存异：在尊重差异、理解个性的基础上寻找共同之处、和谐共存

◆ 史伯说："夫和实生物，同则不继。"不同的事物结合才能生成万物，否则就会相同一致不能产生新事物。
◆ 孔子说："君子和而不同，小人同而不和。"

◆ 以上说法包含了什么哲学道理？
◆ 生活中与自己联系最多、关系最密切的亲人和朋友，往往也是同自己发生矛盾最多的人，这是为什么？

矛盾基本属性的关系
矛盾的同一性是相对的，矛盾的斗争性是绝对的。矛盾的同一性不能脱离斗争性而存在，矛盾双方的同一是对立中的同一，是包含着差别的同一。矛盾的斗争性也不能脱离同一性而存在，斗争性寓于同一性之中，并为同一性所制约。矛盾双方的对立统一推动事物的运动、变化和发展，由此构成事物发展的源泉和动力。

矛盾问题的精髓

阅读与思考

◆ 庄稼吸收水分和蒸发水分，是一对矛盾。这一矛盾贯穿庄稼生长过程的始终。
◆ 工厂的生产和消费，也是一对矛盾。生产直接就是消费，消费直接就是生产。只要工厂存

经过多年的教学，我总结形成了一整套高效记笔记的习惯（也要求学生按此方法做笔记，事实证明学生课堂效率普遍提高）：

1. 用红笔在目标题旁边写上知识的框架体系，并用五角星标注出需背记的重点。这样做的好处是让知识内容和需要背记的重点一目了然，更有助于对知识的系统把握和学习效率的提高。

2. 课本具体内容的结构层级标注符号必须和目标题旁的知识框架体系的结构层级完全一致，几个大的问题用一、二、三等标注，每一个问题下面的层次用1、2、3 等标注，再下面用①、②、③等标注。这样做的好处是对课本知识结构层次清晰明确，需要掌握哪些知识点也清晰明了。

3. 注重对课本知识的理解，用黑笔在知识相应位置写上理解或翻译的内容。

4. 用"eg"（for example）写上典型举例。

5. 用"＿"画出课本内容的重点，"～"画出非重点但需要注意的地方，重点词语用"○"圈起来，强调的重点词语下用"△△△"，"→"将事例与知识联系起来。

6. 将补充的知识和易混、易错点写在课本正文旁的空白处。

7. 需要重点背记的内容用橙红色荧光笔涂色。

8. 在课本最显眼位置写上自己的思考感悟、做题运用的反思与总结等。

当然，大家可以根据自己的习惯对以上在课本上做笔记的方法进行借鉴和改良。

6.3.2 中学版的康奈尔笔记法

康奈尔笔记法，又称5R 笔记法，是由康奈尔大学的沃尔特·鲍克博士发明，并以该校校名命名的笔记法。它号称"全世界公认最有效的笔记方法"，几乎适用于一切讲授或阅读课，特别对于听课记录，5R 笔记法是最佳选择。它采用了记与学、思考与运用相结合的有效方法，不仅能让你的笔记系统化，还能让你不知不觉参与到知识的创造中去，从而帮助你提高学习效率，提升学习效果。

初中生、高中生在使用时，应结合我们学习的实际，对它进行改良后运用，效果会更好。

Mo Tu We Th Fr Sa Su

Memo Num. _____
Date   /   /

中学生版康奈尔笔记法

简化栏（副栏）　　　**记录栏（主栏）：记录上课内容**

简化提炼记录栏　　　按老师所讲思路记录上课内容，着重参考老师的课堂板书
的核心内容

　　　　　　　　　　记录内容包括：

采用思维导图、关键　　•老师课堂板书的授课提纲（即这节课讲了哪几个问题？）
词、提纲等形式，　　•老师的具体授课思路（即每个问题是怎么展开的？可以
将最核心的知识点　　　　　　　　　　是公式定理的推导过程或者结论、
提炼出来。　　　　　　　　　　　　理论的论证过程）

　　　　　　　　　　•老师补充延伸的知识点、二级公式等
下课利用2~5分钟　　•典型事例或启发性观点
看简化栏回忆整理

记录栏内容：当天　　**笔记技巧：**
晚自习或睡觉前、　　　　可以使用关键词或缩写符号简写，但前提是自己
一周、一个月、考前　　看得懂；要点与要点之间要留有空白；写字要快，字迹
反复复习回忆笔记　　　不必要求太高，看清就行；用不同颜色笔标注重点、难点、
内容）　　　　　　　　易混易错点、常考点；在没懂的知识旁标注疑问

思考（思考栏）：记录听课随想，在不断的复习中随时记录下思考总结
　　　　　的知识、常见题型、方法、规律等
可记录自己的感悟体会、疑惑点及解决、知识点及其运用的思考与总结、常见题
型的汇总、同类题型的出题规律与做题方法、自己经常出错需注意的地方、
这章节知识所处位置及与其它章节关联的地方等（自由记录即可）。

下面，我就来给大家详细介绍一下经过我改良后的中学版的康奈尔笔记法。

准备工作：

将笔记本的一页纸分成三部分：右上最大的空间为记录栏（主栏），用来记录
上课内容；左上为简化栏（副栏），用来简化提炼记录栏的核心内容；下方空间为

思考（思考栏），又可称为总结栏，主要用来记录听课时的想法，在不断的复习中随时记录、思考总结的知识、常见题型、方法、规律等。

具体步骤如下：

1. 记录（record）。按老师所讲思路记录上课内容，着重参考老师的课堂板书。

记录的内容包括：①老师课堂板书的授课提纲（即这节课讲了哪几个问题？）；②老师的具体授课思路（即每个问题是怎么展开的？可以是公式定理的推导过程或者结论理论的论证过程）；③老师补充延伸的知识点、二级公式等；④典型事例或启发性观点等。

笔记技巧包括：①可以使用关键词或缩写符号简写，但前提是自己一定看得懂；②要点与要点之间要留有空白；③写字要快，自己不必要求太高，看得清就行；④用不同颜色笔标注重点、难点、易混易错点、常考点；⑤在没懂的知识旁标注疑问等。

2. 简化（reduce）。下课前几分钟或下课后的 2~5 分钟时间里，利用关键词或者提纲或者思维导图等形式，将记录栏记录的上课内容最核心知识点提炼出来。这一步是打造超强学习力的关键，所以要不断提升自己总结归纳、概括提炼知识的能力和水平。

3. 背诵（recite）。在上课当天结束前，再抽 5~10 分钟，拿出笔记本用手遮住主栏，只看副栏简化栏中的关键摘要，尽可能地完整复述并记忆课堂上老师讲过的内容。

4. 思考（reflect）。在思考栏记下自己的感悟体会、疑惑及解决、知识点及其运用的思考与总结、常见题型的汇总、同类题型的出题规律与做题方法、自己经常出错需注意的地方、这章节知识所处位置及与其他章节关联的地方等，自由记录自己的思考和总结。

5. 复习（review）。每周再花 10 分钟左右的时间快速复习笔记，主要根据简化栏，回忆记录栏内容。每个月、考前再进行多次复习，从而将知识内化于心，真正学有所获。

总之，在课本上记笔记法和中学版的康奈尔笔记法都是记笔记的好方法，你可以自由选择其中的一种，并形成自己的高效笔记习惯。

6.4 笔记的整理与复习：打造超强学习力不可或缺的环节

6.4.1 笔记整理的时间、内容及方法

并不是课堂笔记记录完，做笔记的事情就结束了。笔记的整理与复习，也是打造超强学习力必不可少的环节。

记录完课堂笔记，并将笔记的核心内容提炼简化，只是完成了做笔记的核心部分，我们还需要对笔记进行及时整理以及后期专题整理，及时有效复习，才能真正高效地吸收所学知识，将知识内化为自己所有。

1. 课下与当天的及时整理。

由于课堂时间有限，我们在做笔记的时候难免会有疏漏或者潦草的地方，下课后与当天应及时对笔记进行整理、归纳、补充，整理笔记的过程也就是对知识进行进一步巩固和复习的过程。这样既可以进一步消化吸收课堂所学知识，又能让笔记整洁、有条理、重难点突出、易混易错点与常考点明晰，从而使我们的复习更具有针对性，能够收到事半功倍的效果。

我们在整理课堂笔记时，应根据课本内容，参照有关资料进行整理，包括对过于简化的词句或符号的还原，重要词句、公式、概念的补充，课堂未听清内容的核实，未听懂内容的重新理解，以及对不合理顺序的重新调整，对核心知识的归纳概括、提炼简化，最后达到框架提纲简洁、条理清楚、重难点突出、易混易错点和常考点明确，以便更好地理解掌握所学，更好地进行复习和记忆。

具体来说，整理、加工课堂笔记有这样经典的"六步法"：

第一步：回忆。

俗话说："趁热打铁"，下课后及时回忆老师所讲内容，对照课本，回忆有关信息。如果实在想不起来，可以借同学的笔记参考。

第二步：补充。

由于我们做笔记的速度往往跟不上老师讲课的速度，所以笔记就会出现有些句子跟不上记录，采用简单的词语或符号来记录或省略，甚至空缺等情况，这就需要

在下课的时候，及时在回忆的基础上做补充，使笔记更加完整。

第三步：修改。

在听课当天的晚自习抽空仔细审阅笔记，对错误的字、词、句以及其他不够准确的地方进行修改。特别是关键核心内容，一定要注意笔记的"准确性"。

第四步：编号。

用统一的各层级序号，对笔记内容进行提纲式、逻辑性排序，比如：第一层级序号为一、二、三；第二层级序号为 1，2，3；第三层级序号为①②③；第四层级序号为 a，b，c 等，使笔记的逻辑层次清晰明了，更具有层次性、条理性。

第五步：分类。

用文字（最好用红笔）或符号、代号等来划分笔记内容的类别。

以语文为例，这些笔记内容是字词类，就用红笔在旁边批注字词类；这些是病句类；这些是成语类；这些是文学常识作家与作品类；这些是课后练习题解答，等等，批注分类可以为后面进一步进行专题整理做准备，从而使笔记更有系统性，学习也可以提升到一个新的层次和水平。

第六步：摘录。

分类摘录经过整理的笔记。将同类知识放到一起，或者摘录到同一个笔记本或一本笔记的同一个部分，还可以用卡片分类摘录。

这样的笔记，使用起来更方便、更高效，对日后的复习和运用也大有裨益。

2. 后期的逐步整理。

课堂笔记整理最基本的标准是课堂笔记的层次清晰、内容明了，能够将老师讲授内容系统地吸收；最高标准则是将老师所讲知识和自己的知识有机融合起来，内化为自己知识的一部分，进而产生自己的见解和成果。不少专家学者的论文或专著就是通过逐步整理笔记进而产生自己的见解而形成的。由此可见，课堂笔记的整理工作不是一蹴而就的，而是一个从低到高、从简单到独创逐步发展、提高的过程。

后期的笔记整理可以分为这样四步：

第一步：做目录和索引。

整理笔记时，做目录和索引十分有必要。做目录和索引不仅有助于我们理清思维，从总体上把握数学知识，还极大地方便了以后的复习，为今后的高效复习做好准备。

首先需要在笔记本的每页标上页码，前面要留出几页空白，以写上目录与索引。索引可以分成几大类，比如"集合类""函数类""解析几何类""立体几何类"等，根据不同学科，列出不同项目类别，这样复习查阅起来会更方便。

第二步：不断总结笔记内容。

对笔记上的内容不断进行总结。比如：语文基础知识中拼音、字形、病句、成语、文学常识、作文的类型和写法，各种试题的类型和解题方法等。特别对一些典型例题、一题多解或一解多题现象，要从中总结出思路和方法，及时记录到笔记本上。

第三步：专题整理笔记内容。

在第二步的基础上，将总结的内容进行分类，作为专题进行归纳研究。比如语文学科可以按照：基础知识如拼音、字形、病句、成语、文学常识；阅读理解如文言文、现代文、古诗词阅读；写作如写作素材的积累、主题、标题、开头、结构、结尾等进行专题归纳研究，可结合平时做的试题，总结出自己的一套做题方法，对于提升做题的水平和能力，提升各科学习成绩具有直接显著的效果。

第四步：系统整理笔记。

学完一个单元或一章的内容后，整本书学完后，都要系统地总结这一章（或一单元）或一本书最基本、最核心的知识，可以按照老师的授课提纲或课本目录顺序进行整理，用统一的序号对笔记内容进行排列，使之系统化、条理化。这样整理出来的笔记，就是一部精练浓缩的学科知识，从而有利于深化记忆知识。

6.4.2　笔记的复习方法

经常有同学跟我说："老师我总是背了又忘，忘了又背，背了又忘……"虽然遗忘是人类共有的特点，但我们还是得想办法去克服遗忘，除了要遵循艾宾浩斯遗忘曲线的时间节点不断地复习外，还要采用科学有效的记忆复习方法，比如回忆式复习法和讲解式复习法等。

笔记的回忆式复习法要求我们在当天、每周、每月、每次大考前复习的时候，打开笔记本的第一件事不是看自己记的内容，而是试着回忆。可采用简化提炼的关键词或提纲或思维导图，尽可能详细地回忆所学内容。针对没有回忆起来或者回忆不清楚的部分，对照笔记和课本进行重点复习记忆，这样，有针对性地重点复习记忆，可以大大提高我们复习记忆的效率。

笔记的讲解式复习法要求我们基于自己提炼简化的知识要点，尽量完整地叙述课堂上老师讲过的内容，用自己的理解和自己的话小声地讲出来（想象自己既是老师又是学生，当老师给自己讲课，要给自己这个学生讲明白），也可以和同学组成学习小组给同学讲。

据美国缅因州贝瑟尔国家培训实验室公布的一项研究成果，即学习金字塔，表明这种讲解式复习方法能让学生在学习 24 小时之后，对学习内容的记忆保持率达到 90%，比单纯的听讲、阅读，甚至视听结合、讨论、实践的方法，学习效率都要高。

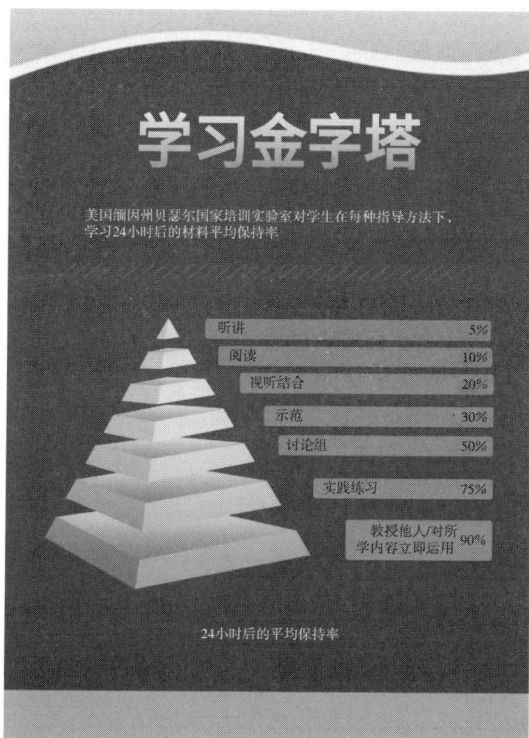

学习金字塔

美国缅因州贝瑟尔国家培训实验室对学生在每种指导方法下，
学习24小时后的材料平均保持率

听讲	5%
阅读	10%
视听结合	20%
示范	30%
讨论组	50%
实践练习	75%
教授他人/对所学内容立即应用	90%

24小时后的平均保持率

这种讲解式复习法不仅能够通过"输出倒逼输入"来更高效地吸收、运用所学知识，而且能够更清晰、更准确地知道自己哪些知识掌握得似是而非，因为如果没有真正理解和掌握知识，肯定会讲不明白、讲不透彻，因此，对这样的知识，特别是重难点和易混易错点，以及自己有疑惑的地方，能够找准自己的问题并进行有针对性的研究突破，从而使自己掌握的知识更深入更透彻、更准确。

这也正是网上介绍的一位本身文化水平不高的农村父亲，却通过让他的儿女每天给自己讲课，从而助力儿女考上了清华北大这一真实故事背后的深层原因。

总之，只有对笔记进行不断地总结、整理与复习，才能最大限度地发挥笔记的价值，高效吸收内化所学知识。

6.5 及时规律复习：才能让知识真正内化为自己所有

6.5.1 及时规律复习才能使知识内化

有关复习，现在的中学生普遍存在这些现象：一上完课就马上冲出教室，想要放松一下；每天能写完作业已经够好了，终于可以休息了，哪还会花时间去复习？好不容易周末了，写完作业得好好放松，要么睡大觉，要么看电影，要么出去和同学逛街、聚会；考前"临时抱佛脚"，认为"临阵磨枪，不快也光"……

只有优秀学生普遍重视复习，他们"每天有复习，每周有小结，每章有总结"，而一般学生往往不注意复习，忽视了复习的重要性。这也是造成尖子生和普通生学习差距的主要原因之一。

教育家乌申斯基把不能复习巩固掌握知识比作喝醉酒的马车夫，只是一个劲儿地向前赶路，也不往后看看，检查一下所装载的东西是否还捆在车上？东西有没有因颠簸丢失？结果他赶回家的竟是一辆空车。

这些都告诉我们要温故知新，定期复习。

一个完整的学习过程应包括预习、听课、练习、复习这四个关键环节。通过复习可以总结巩固所学知识；可以查漏补缺，及时弥补自己薄弱的知识点和知识环节；可以使知识系统化，更高层次地理解并掌握所学知识。

面对中考、高考，有的同学学习很有章法，掌握了复习的规律和方法，复习有条不紊，步步为营。但有的同学平时不注重复习，到总复习知识量变大时，脑中一片茫然，什么都想要却什么也抓不住，复习效果可想而知。

那到底复习的诀窍在哪里呢？复习的规律和方法到底有哪些呢？

有关复习的诀窍和规律，我在"7.2.2 艾宾浩斯遗忘曲线的复习时间节点"里有过阐述，那就是要找到相应的复习时间节点，要在遗忘之前及时复习。

根据初、高中生的实际情况，有这样几个复习的阶段必须做好：每节课后及时复习、每天一次小复习、每周一次中复习、每月月考及学期期末复习、中考和高考复习。（具体方法参照"6.6 平时几个节点复习：抓住复习的诀窍和规律才能高效复习"）

6.5.2　高效复习需要注意的几点

复习不是简单重复，而是要在回忆复习的基础上，进一步深入理解知识，梳理总结知识，还要结合练习题和日常实际进行知识运用的总结。

1. 复习时要目的明确、重难点突出，做到有的放矢，真正有实效。

复习时一定不要贪多贪快，否则蜻蜓点水，没有什么效果。复习之前一定要做到目标明确，问自己：准备复习什么内容？重难点是什么？怎么理解，自己都弄懂了吗？不要主次不分，大而全，而要有的放矢，抓住重难点，真正弄清楚弄透彻，做到复习有实效。

2. 复习巩固一定要及时，防止遗忘。

复习巩固知识一定要及时，要在遗忘之前复习，而不是在已经遗忘之后再复习，这就是为什么有的同学会说："我复习的时候感觉知识就像新的一样。"很显然，遗忘之后再复习的效率极低。

所以，要遵照复习规律，对知识有节奏、有阶段性地进行复习。（可参照"9.2.2 艾宾浩斯遗忘曲线的复习时间节点"）

3. 采用回忆式复习，先回忆后看书，增强复习效果。

经常有学生告诉我：每次翻开课本复习时对知识都很清楚，而一旦把课本合上就又忘记了。采用回忆式复习可以克服和避免出现这种情况。每次复习时先不要看课本，而是要把老师讲的课本知识（包括思路）回想一遍，概念、公式及推导先默写一遍，然后再与课本、笔记相对照，检查哪里对哪里错哪里遗忘，针对问题再翻书学习，这样留下的印象会更深刻，不容易忘记。采用回忆式复习，不仅能够提高复习效率，而且能够增强复习效果，不失为复习的好方法。

4.复习要及时查缺补漏，弥补自己的漏洞和不足。

我们在平时学习的过程中难免会出现理解或记忆上的知识漏洞，复习中一旦发现漏洞就要及时弥补，强化突破薄弱环节，这样才能做到学习不"欠账"，才能学得更好、更扎实。

5.边复习边梳理总结知识，使所学知识深化、简化、条理化和系统化。

复习不是简单地再过一遍知识，而是要在复习时梳理总结知识。在深入理解知识的基础上，压缩简化提炼知识，将繁杂的知识简单化，零乱的知识条理化系统化，内在联系逻辑化。可采用思维导图、框架图示等多种形式，将知识纳入系统之中，才能更好地把知识变为自己的，便于储存记忆和提取运用。

6.复习时还需将之前做过的练习题进行总结，可以结合日常实际情况思考怎样更好地灵活运用知识去解决实际问题。

复习不仅仅是对课本知识的复习，还包括对所做练习题的复习总结。另外，还可结合实际进一步思考：怎样灵活运用知识才能更好地分析问题和解决问题。这样的复习才能在扎实掌握课本知识的基础上，将复习提升到新的层次和高度。

6.6 平时几个节点复习：抓住复习的诀窍和规律才能高效复习

6.6.1 每节课后及时复习，要善于利用课后黄金两分钟

在我的教学生涯中，我常见到有些同学在临近下课时是这样的状态：他们在下课前几分钟就开始不停地看表、收拾课本和文具，只等下课铃一响，就要迫不及待地"逃离"教室。

他们认为一下课这节课的学习任务就结束了, 从未想过要去趁热打铁、及时复习。他们往往要等到考试前才想着去复习, 谁知复习时才发现由于学过的时间太久几乎都忘了, 这时候复习起来简直就和新学一遍差不多。在复习时间有限的情况下, 他们的复习效果可想而知。

但优秀学子们却恰恰相反, 他们特别重视每节课后及时对当堂课的知识进行总结与复习, 充分利用课后 2~3 分钟的时间将所学内容及时进行复习, 不仅可以巩固知识, 还可以查漏补缺, 进一步深化理解知识, 避免过快遗忘。

但在现实中, 大多数同学都没有重视或忽视了这个环节, 因此导致了知识掌握不牢固。

俗话说: "课后两分钟, 胜过十年功。"的确, 课后两分钟迅速地把当堂内容复习小结一下, 效果可胜过半月后用一整天的时间复习。因为已经遗忘的知识复习起来费时费力, 效率极低。

捷克教育家夸美纽斯曾做出这样的形象比喻: 课后如果不进行复习小结, 就犹如把水泼到一个筛子里一样。学过的知识像水一样漏得无影无踪。

无数事实证明, 善于学习的同学往往懂得充分利用每节课后的"黄金两分钟", 对当堂知识进行及时的复习总结。

那么, 怎样利用好课后的"黄金时间"来及时复习总结呢?

我们可以采用自问自答、快速总结的方法来进行。

在每节课课后 2~3 分钟的时间里, 你可以这样快速地边问自己边回答: 老师这节课主要讲了哪几个知识点? 每个知识点是怎样生成和展开的? 老师是怎样举例说明或推导论证的? 这些知识点哪些是重点, 哪些是难点, 哪里是经常"踩坑"的易混易错点, 哪里是我的疑惑点? 我都弄懂了吗? 哪里还没有弄懂或没有完全弄懂的? 如果确实有没有弄懂的知识, 就要及时问老师、问同学弄懂。然后, 采用关键词或思维导图或提纲的形式, 概括提炼出这堂课所学的知识要点, 写到康奈尔笔记的简化栏里 (见 "6.3.2 中学版的康奈尔笔记法"), 这样做能帮助你更好地巩固课堂所学。

但需要提醒大家注意的是：课后复习总结的时间不宜过长，简单回顾概括出这节课所学的知识要点即可。如果时间过长，不仅没有时间放松休息一下，思维若一直停留在上节课的内容中，也会影响到自己下一节课的听课效果，反而得不偿失。

6.6.2 采用"过电影"式进行每天一次小复习，学习效果翻倍增长

每天花 10~30 分钟进行一次小复习，坚持一个月就会和没有做到每天复习的学习效果拉开巨大差距！

我之前在"7.2.2 艾宾浩斯遗忘曲线的复习时间节点"中提到：人类遗忘的规律是先快后慢，特别是新学知识的第一天，遗忘速度是最快的。如果新学知识在第一天里不重复记忆，一天后就只剩下原来的 26%。

因此，学习新知识后要在 24 小时内及时复习，最晚不要超过 2 天，我们只要在这个时间内复习即可迅速恢复记忆。一般来说，在 9 小时内，趁着大脑里还有些记忆的痕迹时，花上 10 分钟复习的效果，要比在 5 天或 10 天以后花几个小时复习的效果还好。每天一次小复习，就是要赶在遗忘之前，在我们记忆犹新的时候，"趁热打铁"，以收到事半功倍之效。但如果超过 2 天，因为已经遗忘了知识的七成以上，再来复习就会变得困难，往往"事倍功半"。

每天一次小复习，我们可以利用的时间是晚自习或者晚上睡觉前的十几分钟至半小时左右的时间，复习回顾当天所学的新知识，可采用"放电影式"的复习方法，回想老师所讲的新课内容。如果对哪个地方比较模糊或者没真正理解，当天或第二天及时地翻看课本或者资料，或者请教同学老师，真正理解弄懂。对于记忆难点，如英语单词、语文课文背诵等有遗忘，可在当晚临睡前或第二天起床后再花少量时间，加以复习记忆巩固。

每天一次小复习贵在及时和坚持，而不能找种种借口推脱。日复一日，年复一年，坚持和不坚持的差距巨大。

我们可以采用"过电影"式复习法进行每天一次小复习。

很多优秀学子在介绍每天如何对知识复习时，基本都会提及利用晚上一段时间，

进行回忆复习，将每节课老师所讲的内容在脑海里过一遍"电影"，想想老师讲了哪些内容，重点知识老师是怎么讲的。对于没有记住、没有掌握的知识，及时看课本、看笔记弄懂、记住。

心理学家发现，在脑子里"过电影"是一种"试图回忆"的主动性思维，它能使大脑积极搜索已经存在的东西，这种主动搜取的过程本身就有加深记忆的功效。再加上它耗时短、容量大、效率高、效果好，因此，我们在复习知识时，也要尽量采用这种"过电影"试图回忆式的方法。

下面我就举例说明"过电影"式复习法的具体操作方法。

请尝试在脑海里播放一天的"课堂电影"。

上午：

第一节课，语文。老师讲了哪篇文章？老师先讲了这篇文章的作者介绍是……然后讲了文章的写作背景……再对文章进行了分段分析……

第二节课，数学。老师主要讲了等差数列的相关知识。等差数列的通项公式是………求和公式是……性质是……判断……

第三节课，英语。老师讲了第几课，需要掌握的主要单词有哪些，几个语法是什么……回忆着背课文……

第四节课，体育。

下午：

第一节课，政治。老师主要讲了价值的创造与实现这框内容，分成三目，第一目的标题是……下面有四段，分别讲了……第二目的标题是……下面讲了……第三目的标题是……老师从几方面讲的……

第二节课，历史。老师讲了百家争鸣和儒家思想的形成。先讲了社会大变革的背景……然后讲了哪几个主要派别及他们分别的主张……

第三节课，地理。做了一份地理选择题检测。错了几道题，第一道是……，做错原因是……第二道是……，做错原因是……改进方案是……以后还要尽量避免在……上失误……

第四节课，自习。做了老师布置的作业，对过答案之后发现有这样几个错误……还没有弄懂的是……明天需要及时问老师问同学弄懂。

…………

这样"放电影"回顾下来，你会发现自己真的是实实在在地将知识装到了自己的脑海里。"过电影"复习的过程同时也是思考和记忆的过程，每一次复习都要将所学的内容再现一次，这样可以使新学的知识得到强化和巩固，并且"过电影"复习所需的时间不多，即使在作业过多的情况下，你依然可以在晚上睡觉前采用此法快速将知识回顾复习一遍。

所以，同学们，请不要再埋怨没有时间复习，关键是要用对方法。这种"过电影式"的复习法可以随时用起来，你完全不必担心复习会占用到你平时学习的时间，而且采用此法复习效率高，复习效果好，大家可以借鉴着赶紧用起来！

6.6.3 每周一次中复习也是学习必不可少的环节

每周都抽出2~3个小时的时间进行一次中复习，效果要远远好于在考试前才"临时抱佛脚"。

同学们在校学习一周，积累了很多知识和习题，都需要梳理总结，如果在周末能抽出2~3个小时进行复习，学习效果就会有一个较大的提升和飞跃。否则，随着学习知识的增加，做题的增多，需要掌握的内容越来越多，如果不进行及时的复习和总结，学习就会逐渐感觉到困难和压力。

所以，学习一周，必须有一个阶段性的总结复习。这对系统把握所学知识，深化理解重点和难点知识，弄清易混易错点，弄懂疑惑点，把握典型题的出题特点和解题方法，提升做题能力和学习能力，都具有十分重要的作用。

那每周一次中复习如何才能达到更好的效果呢？

建议从以下四个方面进行：

1. 梳理总结课本知识体系。

平时学习的知识都是零散的，所以要充分利用周末的时间，将这些零散的知识联系起来，加以思考和总结，形成章节的知识体系。这样不仅能够深化巩固基础知识，而且能够将这些零散的知识按照内在的逻辑联系形成知识体系，从而更好地内化为自己的知识。

2. 突破重点难点、易混易错点、疑惑点。

复习本周的课本和笔记，对于重点知识再进行着重巩固，对于难点知识，可以结合参考资料和所做习题进行突破，总结归纳易混易错的知识。如果中间还有问题，可以记录下来做好问题清单，等到重回学校时问老师、问同学及时加以解决。

3. 梳理总结作业、试卷中的错题和典型题型。

将自己一周所做的作业和试卷拿出来再翻看一遍，特别是对自己做错的题，要进行梳理总结，可参考"8.6.2 写完作业之后的具体操作流程"一节，主要依据知识专题和同类题型分类，找出共性规律和做题方法，从而提升做题能力，为知识掌握得更扎实奠定坚实基础。

4. 反思复盘自己的学习问题并找出改进措施。

对自己一周的学习情况一定要做一下反思复盘，自己的心理状态和学习状态如何？如果状态不好需要及时做出调整；自己的知识掌握情况如何？哪里掌握得还不错，哪里掌握得不好？对于掌握不好的地方需要及时弥补；自己的学习效率如何？各科的学习方法还可以改进吗？其他同学有没有更好的方法可以借鉴……

总之，每周一次中复习，是必要的也是必需的。

6.7　月考与期末复习："凡事预则立，不预则废"是真理

6.7.1　凡事预则立，不预则废

初、高中生几乎每月都要举行月考，很多同学不在意，没有真正从思想上重视

起来，觉得只是很普通的考试而已。但如果由于不重视导致经常考不好，不仅会影响到自己的心情，更重要的是会对自己的学习能力产生怀疑，打击到自己对学习的信心。

实际上，初、高中阶段之所以要设置月考，是因为月考可以反馈和检验学生近段时间的学习情况，帮助学生明确自己学习中存在的问题，及时查漏补缺，找出相应的措施加以调整和改进。另外，月考还能帮助学生锻炼心态，磨炼意志，通过不断地汲取经验教训，以不断地反思成长，不断地提升自己各方面的素质和能力。

期末考试更是如此，它不仅是对学生一学期学习情况的检验，也是学生反思改进下学期学习方法的依据。

因此，我们要充分重视每一次考试，包括平时的测试、月考和期末考试，要将每一次考试都当成自己进步的台阶，不断地反思、改进和提升。

"凡事预则立，不预则废"，每次考前都做好充足的准备，每一次都要争取做到自己最好的水平，尽自己的努力，不断积累考试成功的经验，增强自己对学习和考试的信心，从而考上自己理想的学校。

6.7.2 月考及期末考试高效复习的方法

1. "万变不离其宗"，抓住课本是根本，要根据课本目录，先回忆后看书。

"万变不离其宗"这个"宗"，就是课本。从根本上看，试题无论有多难、多具有综合性，都不会超越课本基础知识，或者说是由课本基础知识衍生而来。考试试题都是为了考查课本知识而设定的。因此，无论是平时的学习还是考试的复习，我们都应当围绕课本展开，以课本为根本，要扎扎实实地落实到课本的基础知识上。

那我们要怎样围绕课本展开复习呢？

主要是利用课本目录进行回忆式复习，先回忆后看书，在复习相应考试范围的课本知识时，先对照课本的目录，回忆已学内容有几章几节？每一节讲了哪几个问题？每一个问题的具体内容是什么？有哪些是重、难点知识？哪些是易混易错点？概念、性质、公式、定理原理及典型例题和解题方法是什么？

利用目录来回忆课本细节知识，这样由大到小、由整体到局部复习，有利于将所学的课本知识都装进自己的脑海里，内化为自己的知识储备，从而有利于考试时随取随用。

2. 抓住重点难点，弄清易混易错点和疑惑点，统筹兼顾其他知识。

在复习回忆课本知识时，需要针对重、难点内容着重复习。如果平时学习就很扎实，已经准确透彻地理解了重难点内容，只需要进行再回顾即可；如果还没有理解透彻的，可以翻开课本进行仔细研读，真正弄清它们的内在本质，必要时可以及时问老师、问同学弄懂。

针对易混易错点，需要明确辨析它们与其相关知识之间的联系与区别，提醒自己不能混淆。

针对复习时产生的疑惑点，需要及时将问题记录下来，自己查资料或者问同学、问老师弄通弄懂。

对于课本不是特别重要的知识，比如小字部分，要根据复习的时间来决定复习的对策，如果时间充裕的话可以进行兼顾复习，如果时间真的太有限，可以大胆放手。

3. 进行知识点梳理，形成知识网络体系，把课本知识内化为自己的储备。

在复习课本的过程中，既可以依照课本目录顺序，也可以根据主线，对知识点进行系统的梳理（往往老师平时就会有总结，可以根据老师总结的体系进行默写），再与课本进行对照，查找自己对知识掌握的情况。

自己梳理总结或默写出来的知识网络体系，不仅可以帮助自己在头脑中建立起各个知识之间的网络联系，全盘了解和掌握课本知识，而且可以将其内化存储到自己的脑海里，成为我们在考试或实际生活中分析问题和解决问题时随取随用的工具。

4. 复习要因"科"制宜，各个突破。

复习要做到因"科"制宜，对于薄弱学科和薄弱环节要各个突破，从而提高复习实效（可以参考"第三章因'科'制宜：高效学习的学科策略"）。

语文主要是复习回忆平时积累的内容，比如拼音、错别字、病句等；适当背诵一些好词好句好段，保证写作文时能够写出比较好的开头和结尾；分题型看试卷，如：诗词鉴赏，文言文阅读和现代文阅读等，注意总结各题型的做题方法。

数学要针对课本上的目录提纲进行复习，把全书内容分成几大板块，重点看看各个板块里面讲了哪些内容，每个内容里面有哪些公式及经典题型（可以结合做过的试卷和习题进行总结），这些题型采用了哪些方法。另外，还要注意看自己平时总结的好题本和错题本。

英语需要复习回忆自己积累的词语、句子、语法、写得好的英文短篇，以及平时积累的作文模板，还有平时总结的各类题型的做题方法。

"理化生"复习要立足课本，重在理解和运用基础知识，重视实验。物理学科需要注意力学、电学、热学、光学、原子物理学等内容；化学需要注意元素周期表以及化学方程式的配平等；生物需要注意微量元素和 DNA 的分子结构等。理化生学科复习要特别注重解题过程的分析方法和思维方法，还需要注重联系实际进行思考，将所学知识学以致用。

"政史地"复习同样要立足课本，以课本目录和知识框架为总纲，复习回顾课本知识。政治学科需要注意时事政治；历史学科需要注意历史线索；地理学科需要注意地图复习。另外，考前同样需要翻看复习错题本，以及平时自己对各类题型的做题方法、答题策略、答题技巧的总结。

对于薄弱学科和薄弱环节要适当多安排一些复习的时间，哪里有问题哪里就进行研究突破。

总之，在复习时，一定要根据不同的学科采用相应的复习方法，才能最大限度地利用好有限的时间提高复习的实效。

5. 翻看复习笔记本和错题本。

无论考哪门学科，考前都要注意翻看复习笔记本和错题本。

对于笔记本的复习，主要是在复习课本知识的基础上，结合笔记本上平时提炼的知识提纲，进行重难点知识的突破复习。当然也包括平时积累的各项内容（可参考"6.4 笔记的整理与复习：打造超强学习力不可或缺的环节"）。

对于错题本的复习，主要是对错题原因的归类总结以及改进措施的复习。一定要再次提醒自己，考试时不能再犯同样的错误（可参考"8.6.2 写完作业之后的具体操作流程"）。

6.复习总结典型试题、经典试卷的试题类型及做题方法。

其实，各科的知识范围、典型试题和试题类型都是有限的。

只要我们平时把这些有限的内容全都掌握好，就可以"笑傲"所有考试了。

各科的知识范围就是各科的课本知识；典型试题包括课本典型试题和老师补充的典型试题以及平时做题总结归纳的典型试题；试题的类型主要就是平时测试和考试的常见试题类型，我们平时就要注意总结归纳各类型试题的出题规律与做题方法。

考前除了要复习课本基础知识之外，也一定要注意复习总结典型试题和经典试卷（特别是经典的名校试卷）的试题类型及做题方法。

总之，学习的"硬功夫"在平时，考前复习是对平时学习的巩固、总结和进一步升华。

6.8 中考和高考复习：直面应对，做好充足准备则万事俱备

6.8.1 中、高考考前复习的一般安排及应对策略

一般来说，中考和高考考前的总复习大致都可以分为这样三轮：

第一轮复习是基础知识复习阶段，也就是中、高考范围内的课本基础知识的再学习再巩固，约占整个复习时间的一半。这轮复习是整个复习阶段中最基础也是最重要的阶段，因为无论中考还是高考，基础知识的考查约占整个考试的 70%。另外两轮复习也是建立在这轮复习的基础之上，"万丈高楼平地起"，只有基础知识扎实，才谈得上能力的进一步提升。

因此，我们一定要充分重视一轮复习，紧跟老师步伐，脚踏实地，扎扎实实掌握好每一个知识点，才是最明智的做法。

第二轮复习是专题突破复习阶段，重在系统攻克中、高考各科的重、难点专题。通过专题将分散的知识联系起来，融会贯通形成知识体系，同时训练提升学生的能力。

因此，在这一阶段，我们要对相应的专题进行融会贯通，跟随老师的节奏，着重攻克相应专题，同时对一轮复习掌握不够牢固的基础知识进行查漏补缺。比如：对英语阅读理解的专题复习，就要仔细体会、研究和总结阅读理解的出题规律与做题方法，从而提升自己做阅读理解的能力。当然，在此过程中肯定会涉及一些基础知识的再复习，如果有漏洞，要及时弥补。

这轮复习还会穿插对如何做选择题、填空题、解答题等的专项训练，要及时总结各类题型的做题规律和方法，不断提升自己做题的能力和水平，提升自己分析问题和解决问题的能力与水平。

第三轮复习是综合强化训练和应用能力提升阶段，通过做大量综合试卷和中、高考真题，重点掌握各科各类题型的特点及答题方法与技巧，从而适应考试模式，提升考试技巧与应变能力。

因此，在这个阶段，我们要注意总结各类题型的特点、出题规律及做题方法，包括把握中、高考出题的趋势和方向，找到能得高分的答题方法与技巧，提升自己综合分析问题和解决问题的能力。

6.8.2　中、高考临考前如何做好复习与准备

1. 回归课本，系统回顾梳理课本知识。

用系统框架（可以是课本目录）来统领课本知识的复习。在头脑中回忆知识系统，以及系统框架下课本相对应的具体知识，做到头脑中有课本。如果哪个地方还不熟悉，抓紧时间查缺补漏，再次进行复习巩固。

2. 翻看复习笔记本、错题本。

俗话说："手中有粮，心中不慌。"平时利用笔记本做好知识素材的储备，才能打有准备的仗。语文储备的素材如经典作文素材、名言名句的积累、诗词、时政评论积累等，数学储备的主要是经典好题及解题方法；英语储备主要是词汇、句型、

语法和作文模板；政治主要是时政热点、热词；历史主要是典型史料分析；地理主要是结合地区实际分析该区域的自然条件、社会经济条件等；物理、化学、生物主要是经典例题与实验等，都是平时日积月累的成果，再加上错题本上积累与整理的错题，临考前的最后阶段都要拿出来翻看复习，进行再回顾。

3. 系统整理和翻看复习最后阶段做的综合试卷，总结出能得高分的做题方法。

最后一两个月做的综合试卷整理装订到一起，进行翻看和研究。对于错题进行再次纠错和查漏补缺；对于类型题进行归类研究，争取突破一类题的做法；寻找自己失分的原因进行纠错改进，从而总结出能得高分的做题方法。

4. 继续研究中、高考真题。

因为中、高考真题是反映中、高考命题规律的"真金白银"，通过不断研究中、高考真题和答案，找出中、高考题目的出题思路和答题思路，从而寻找到做中、高考题目能得高分的方法。这点在中、高考考前最后阶段的复习备考中尤为重要。

5. 做好身心的调适与准备。

中、高考前要保持平常的饮食与作息规律，积极做好身心的调适与准备，争取以自己的最佳状态迎接即将到来的中、高考。（可参照"1.2.2 如何正确对待中考和高考前的所有考试"一节里有关中考和高考前的心态调适方法）

通过主动调节，以自己良好的身心状态走进考场，相信你一定能稳定发挥，考上自己理想的学校。

第 7 章

存储记忆：记忆的根本与有效方法，高效记忆所学

来自同学们的困惑：

"老师，我记不住，背不会呀！"

"这么多，我怎么背得会呢？"

"我为什么总是背了又忘，忘了又背，背了又忘？"

7.1 分解记忆法：从根源上克服"记不住"，树立记忆自信

7.1.1 分解记忆法是树立记忆自信的根本方法

分解记忆法是克服"记不住"，对记忆有畏惧心理的灵丹妙药，是树立记忆自信的根本方法。

在我近 20 年的教学生涯中，经常有学生对我说："老师，我记不住，背不会呀！"他们看起来很痛苦很苦恼，我于是教给他们分解记忆法后，他们通过很好地掌握并运用，再也不用为"记不住"而发愁了。

我还记得七班有一位女生，提问她知识点时她总是说不会、记不住。我教她把一个知识点按意思分解成几个小点，每个小点分解成几个关键词进行记忆，也就是采用分解记忆法背知识点。她用这种方法背会几个知识点后，对自己的记忆力信心

150

大增。后来每次提问，她都能迅速熟练地背出知识点，她的政治成绩也由最初的四十多分、五十多分提升到后来的七十多分、八十多分。

儿子有几次在背诵语文老师要求背记的文章时，垂头丧气地对着我喊："太长了，妈妈，我背不会。"我就让他把整篇文章分解为一段一段来背。如果一段内容较长的话，又分解成几句背。他刚开始背的时候稍显缓慢，但有了几次背会文章的经历之后，他对自己记忆东西的信心大增，往往一首诗或一篇不长的文章，用心读上两遍基本就能背会，再重复一遍就能背得很好了。

由此可见分解记忆法的威力和作用。即使资质不好的人，记忆再难的内容，都能通过分解记忆法，把它分解成一个个容易记忆的小点记住。

我的实践经历证明：分解记忆法是一切记忆最基础，也是最根本的方法。它不仅可以帮你记住内容，更重要的是帮你打破"记不住"的"魔咒"，克服你对记忆的畏惧心理，建立起对记忆和学习的自信，从而进入让学习良性循环的轨道。

7.1.2　分解记忆法的具体操作和运用

那分解记忆法到底该如何操作和运用呢？

下面以节选梁启超的《少年中国说》（节选）为例来说明分解记忆法的具体操作流程：

故今日之责任，不在他人，而全在我少年。少年智则国智，少年富则国富；少年强则国强，少年独立则国独立；少年自由则国自由；少年进步则国进步；少年胜于欧洲，则国胜于欧洲；少年雄于地球，则国雄于地球。

红日初升，其道大光。河出伏流，一泻汪洋。潜龙腾渊，鳞爪飞扬。乳虎啸谷，百兽震惶。鹰隼试翼，风尘翕张。奇花初胎，矞矞皇皇。干将发硎，有作其芒。天戴其苍，地履其黄。纵有千古，横有八荒。前途似海，来日方长。美哉我少年中国，与天不老！壮哉我中国少年，与国无疆！

分解记忆法的具体操作步骤：

第一步，将整篇文章分解成自然段。

以上节选了两个自然段，可分解成一段一段来背。

第二步，将一段按意思分解成几层。

第一自然段可分解为两层：第一层强调少年对今日中国的责任，"故今日之责任，不在他人，而全在我少年。"；第二层具体阐述少年对国家的责任和重要性，"少年智则国智，少年富则国富；少年强则国强，少年独立则国独立；少年自由则国自由；少年进步则国进步；少年胜于欧洲，则国胜于欧洲；少年雄于地球，则国雄于地球。"

第二自然段可分解为三层：第一层用物喻少年的前途与未来无可限量，"红日初升，其道大光。河出伏流，一泻汪洋。潜龙腾渊，鳞爪飞扬。乳虎啸谷，百兽震惶。鹰隼试翼，风尘翕张。奇花初胎，矞矞皇皇。干将发硎，有作其芒。"第二层强调少年立于天地古今未来，"天戴其苍，地履其黄。纵有千古，横有八荒。前途似海，来日方长"；第三层强调少年与中国的美好未来，"美哉我少年中国，与天不老！壮哉我中国少年，与国无疆！"

第三步，将复杂的层次分组。

第一自然段的第二层比较复杂，可以分为三组（用"／"划分），"少年智则国智，少年富则国富；少年强则国强，少年独立则国独立；"／"少年自由则国自由；少年进步则国进步；"／"少年胜于欧洲，则国胜于欧洲；少年雄于地球，则国雄于地球。"

第二自然段的第一层比较复杂，可以分为三组（用"／"划分），"红日初升，其道大光。河出伏流，一泻汪洋。"／"潜龙腾渊，鳞爪飞扬。乳虎啸谷，百兽震惶。鹰隼试翼，风尘翕张。"／"奇花初胎，矞矞皇皇。干将发硎，有作其芒。"

第四步，找出每一组的核心关键词，进行填空记忆。

第一自然段的第二层为，"＿智＿，＿富＿；＿强＿，＿独立＿；"／"＿自由＿；＿进步＿；"／"＿胜于＿，＿胜于＿；＿雄于＿，＿雄于＿。"

第二自然段的第一层为，"红日＿，＿。河＿，＿。"／"潜龙＿，＿。乳虎＿，＿。鹰隼＿，＿。"／"奇花＿，＿。干将＿，＿。"

第五步，联结组合。

这样，采用核心关键词，一组一组记忆，然后联结组合为层、段、篇，从而记住整篇文章。通过分解记忆法，把所需记忆的内容分解成一个个容易记忆的小点，即便记忆力再差也能记住。

对自己记忆没有自信的同学们赶紧用起来！相信你可以通过分解记忆法攻克一个又一个记忆难关！

7.2　重复记忆法：从根本上克服"又忘了"，有效防止遗忘

7.2.1　重复记忆法是克服遗忘最根本的方法

经常有同学抱怨说："我好不容易记住的知识，不到一天就忘了""我怎么记了又忘了"……

其实，真正能做到过目不忘的人是不存在的，如果对学过的知识不复习、不重复，即使记忆力再好也会遗忘。因此，对任何知识的记忆都需要重复。

重复记忆法是我们克服遗忘最根本的方法。

我所教的政治学科有大量知识需要记忆，为了让学生将知识记忆得更牢固，我总是会不断地抽查，提问已经学过的知识。一个知识点一般经过 3~5 次复习，学生就能记得比较牢固了。

我国著名科学家茅以升，83 岁时还能背出圆周率小数点后 100 位的准确数值。人们惊奇地向他询问记忆诀窍时，他答道："说起来很简单，就是重复！重复！再重复！"

我教的 2017 级一位优秀生曾介绍：自己的记忆诀窍就是反复回忆。她说自己每天早读前会把昨天各科所学的主要知识在脑海里过一遍，如果记忆不清楚就及时翻书和笔记再记一遍；每天吃饭时会回忆课堂老师所讲的主要内容；每晚睡觉前会在脑海里仔细回忆一遍今天各科所学的内容和自己做题时出现的问题，并思考改进的措施。2019 级的另一位优秀生介绍过自己的一个记忆小窍门，就是准备一个很

小的本子，随时把自己不熟悉、没记牢的知识写下来，包括英语单词、数学公式、政治知识点等，无论哪一科，只要是自己不熟悉、没记牢的知识都可以写下来，再利用平时碎片化的时间进行反复记忆，如饭前、饭后、睡前，甚至上厕所时，都可以拿出来看几眼、记一记，她说这样的记忆效果要比专门利用大量时间记忆但很少复习的效果更好。

7.2.2 艾宾浩斯遗忘曲线的复习时间节点

我们平时的学习时间总是很有限，不可能把所有时间用来都复习记忆，所以我们需要对时间进行规划。那如何规划时间，利用哪些时间节点来复习记忆才能达到记忆效果的最大化呢？

这就需要用到艾宾浩斯遗忘曲线，如下图。

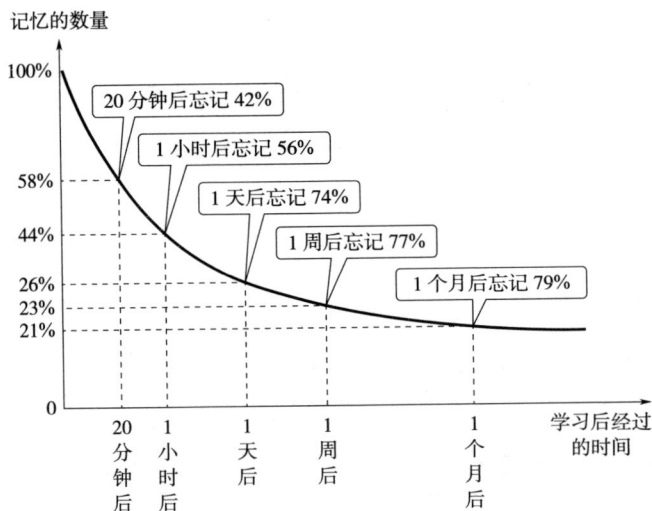

艾宾浩斯遗忘曲线由德国心理学家艾宾浩斯研究发现，它直观地描述了人类大脑对新事物遗忘的规律，我们可以从中掌握人类的遗忘规律并加以利用，从而提升自我记忆能力。

观察这条曲线，你会发现，人类遗忘的总体进程很快，并且是先快后慢，特别是新学知识的第一天，遗忘速度是最快的。如果新学知识在第一天里不重复记忆，一天后就只记得新学知识的 26%。随着时间的推移，遗忘的速度会减慢，遗忘的数量也会减少。

因此，我们要想克服遗忘，尽可能多地留存知识，就必须重复记忆，而且要找出重复记忆的时间节点，才能利用有限的时间达到记忆效果的最大化。

我们根据艾宾浩斯遗忘曲线找到人的记忆周期：

1. 第一个记忆周期：5 分钟；

2. 第二个记忆周期：30 分钟；

3. 第三个记忆周期：12 小时；

4. 第四个记忆周期：1 天；

5. 第五个记忆周期：2 天；

6. 第六个记忆周期：4 天；

7. 第七个记忆周期：7 天；

8. 第八个记忆周期：15 天。

据此，我们可以找到重复记忆的时间节点：学习新知识后，间隔 5 分钟时重复记忆一遍，间隔 30 分钟时再重复一遍，间隔 12 小时、1 天、2 天、4 天、7 天、15 天、1 个月、3 个月、6 个月时分别重复记忆一遍，就会记得很牢固。

我们可以据此制作以下记忆复习时间表：

序号	学习日期	学习内容	短期记忆复习周期			长期记忆复习周期（复习后打钩）							
			5分钟	30分钟	12小时	1天	2天	4天	7天	15天	1个月	3个月	6个月
1	月　日		1	1	1	—							
2	月　日		2	2	2	1	—						
3	月　日		3	3	3	2	1						
4	月　日		4	4	4	3	2	—					
5	月　日		5	5	5	4	3	1					
6	月　日		6	6	6	5	4	2	—				
7	月　日		7	7	7	6	5	3	—				
8	月　日		8	8	8	7	6	4	1	—			
9	月　日		9	9	9	8	7	5	2	—			
10	月　日		10	10	10	9	8	6	3	—			

续表

时间	学习日期	学习内容	短期记忆复习周期			长期记忆复习周期（复习后打钩）							
			5分钟	30分钟	12小时	1天	2天	4天	7天	15天	1个月	3个月	6个月
11	月 日		11	11	11	10	9	7	4	—	—	—	—
12	月 日		12	12	12	11	10	8	5	—	—	—	—
13	月 日		13	13	13	12	11	9	6	—	—	—	—
14	月 日		14	14	14	13	12	10	7	—	—	—	—
15	月 日		15	15	15	14	13	11	8	—	—	—	—
16	月 日		16	16	16	15	14	12	9	1	—	—	—
17	月 日		17	17	17	16	15	13	10	2	—	—	—
18	月 日		18	18	18	17	16	14	11	3	—	—	—
19	月 日		19	19	19	18	17	15	12	4	—	—	—
20	月 日		20	20	20	19	18	16	13	5	—	—	—
21	月 日		21	21	21	20	19	17	14	6	—	—	—
22	月 日		22	22	22	21	20	18	15	7	—	—	—
23	月 日		23	23	23	22	21	19	16	8	—	—	—
24	月 日		24	24	24	23	22	20	17	9	—	—	—
25	月 日		25	25	25	24	23	21	18	10	—	—	—
26	月 日		26	26	26	25	24	22	19	11	—	—	—
27	月 日		27	27	27	26	25	23	20	12	—	—	—
28	月 日		28	28	28	27	26	24	21	13	—	—	—
29	月 日		29	29	29	28	27	25	22	14	—	—	—
30	月 日		30	30	30	29	28	26	23	15	—	—	—

如果嫌表格麻烦，我们可以形成以下重复记忆的习惯：

第一天复习时，1. 上课复习。尽量每5分钟就复习一次老师讲的前一个知识点。这样，一节课45分钟大概可以完成8次复习。2. 课间复习。课间10分钟的休息时间可以抽出3~5分钟，复习刚上课时学习的内容。3. 晚自习复习。晚自习开始写作业前，完整地复习一遍当天学习的所有知识点再写作业，会比不复习直接写作业效率更高。

后期复习时，长期复习按照1天、2天、4天、7天、15天、1个月、3个月、6个月这8个时间节点进行，在每个时间节点抽出一些时间进行重复记忆，就能在脑海中形成长期记忆。

7.2.3　重复记忆可采用的具体方法

重复记忆并不是简单地死记硬背与重复, 而是可以采取晨起睡前复习、尝试回忆复习、过电影式复习等具体方法来提高重复记忆的效率和效果。

1. 晨起睡前复习。

心理学研究表明, 遗忘的原因之一是活动的干扰妨碍了记忆, 而睡眠时则没有这种干扰。因此, 如果你在早晨起床和晚上睡觉前, 能用 15 分钟的时间重复记忆所学的重要内容, 就能取得更好的复习效果。因为睡前复习没有后继活动的干扰, 而且睡眠过程中人的记忆并未停止, 大脑会对接收的信息自动进行归纳、整理、编码、储存; 清晨起床后复习则没有前行活动的干扰。若能既坚持晨起复习, 又进行睡前复习, 记忆的效果当然会更好。

2. 尝试回忆复习。

很多同学复习时习惯一遍又一遍地读, 实际上这是一种耗时又效果较差的低效复习方式。高效的复习应多采用尝试回忆的方式, 效果会更佳。

所谓尝试回忆复习, 即在学习新知识后复习时, 不是对照课本笔记直接诵读记忆, 而是合上课本笔记, 尝试回忆内容, 对于实在回忆不出的内容再重复阅读背诵, 如此反复, 直到记牢为止。这种方法之所以复习效果更好, 主要是因为充分调动了思维的积极性, 避免了反复阅读被动接受知识的状态。

3. 过电影式复习。

我们都很喜欢看电影, 因为电影生动形象、耗时短、容量大, 一部电影可以承载很多内容, 而且让人看完之后印象深刻。我们在日常的学习过程中, 如果能经常采取"过电影式"的方法来回忆所学知识, 即把我们所学的内容像放电影一样, 在脑子里再逐一闪现, 仔细回忆一遍以加深印象, 这种复习方式既可以节省大量时间, 又能增强记忆的效果, 将我们所学知识存储进大脑加深印象, 从而提高记忆效率和学习效率(具体操作方法详见"6.6.2 采用'过电影'式进行每天一次小复习, 学习效果翻倍增长")。

这种复习方式操作起来简单灵活, 在时间和空间的选择上也比较自由。你可以选择下课后在接水的路上或者在走廊休息的片刻，也可以选择在课桌上伏案的片刻或者睡觉前……这样，我们每天的复习只要花费 20 分钟~1 小时，就可以完成"过电影"回忆的过程，从而数倍地提高你的记忆效果。

综上所述，在学习的过程中，我们采用重复记忆法，根据艾宾浩斯遗忘曲线，坚持课中复习、课后复习、当天复习、阶段复习、期中复习和期末复习，就能有效地与遗忘做斗争，提升记忆效果和学习效果。

7.3 理解记忆法：理解了的知识，才更容易记住和应用

7.3.1 理解了的知识，才更容易记住和应用

在学习中，很多同学都抱怨自己总是记不住知识，其原因之一是没有真正在理解知识的基础上进行记忆。

初、高中学习科目多，知识点繁杂，死记硬背只能解决一时的问题，但之后很容易遗忘知识点。在理解知识的基础上记忆要远比死记硬背的效果好得多。很多时候，我们会发现，只要理解了概念或定义，根本不用去记忆也能掌握。而死记硬背的知识，虽然暂时记住了，但由于不理解其内在的关系，等到做题时，还是不知道如何应用。

著名教育家夸美纽斯说："学生首先应当学会理解事物，然后再去记忆它们。""只有彻底地懂得，并且记忆了的东西，才能看作心理的财产。"

知识只有真正理解了在脑海里才是鲜活的，否则，就是毫无生趣的"死知识"。只有理解了的知识才能更好地记忆、存留在脑海里。

理解记忆法，就是对所学知识进行积极的思考和深刻的领悟，在理解的基础上记忆的方法。理解记忆也称为意义记忆，与机械记忆相对。

理解记忆以理解知识内容为前提。这种理解不仅仅是看懂知识的含义，而且把握了知识之间的逻辑关系，以及和自己以前学习的知识、经验之间的关系。要做到真正理解记忆的对象就必须做到对识记对象进行综合分析，真正弄清识记对象概念的含义、意义、内在本质；并通过不断练习，在运用中重复已经记住的知识，从而使理解不断加深。

理解不仅能活化记忆，促使大脑神经系统运作更活跃，连接更多的脑细胞来参与工作，从而产生多维度的思考，比如联想、记忆等，也能让你在做题和考试，甚至日常生活中能够灵活运用所学知识。

7.3.2　理解记忆法的运用

1. 整体了解。

当我们要记忆某些内容时，首先要对这些内容做整体了解。以记忆某篇文章为例，首先要把文章整体通读或者浏览一遍，弄清它的中心意思，然后再分解成段进行记忆。因为只有从整体上把握文章的中心意思，才能更深刻地理解文章的部分。

2. 深入分析。

对事物有了整体了解后，就要逐步深入分析。比如一篇文章，根据它的中心意思和结构将文章分成若干段落，对每个段落进行深入分析和理解，找出段落大意，划分层次，对每层再加以认真分析和思考，找出关键词，进行理解记忆。

3. 融会贯通。

将理解和记住的各部分内容联系起来综合思考，以融会贯通，全面理解，从而更有利于加深记忆。

我们所学的每科知识都是一个系统，知识与知识之间具有系统的连贯性，而且是从易到难，从简单到复杂进阶的。所以我们在学习新知识，要善于和以前的旧知识相联系，将旧知识和新知识串联起来加以思考，融会贯通，将每一个知识点理解得更加深入透彻，这样记忆起来就很轻松，运用起来也能够举一反三，做到运用自如。

4. 灵活运用。

检验是否真正理解所学内容，就要看在练习实践中能否做到灵活运用。如果不能做到，就说明并未真正理解，这时就要对"卡壳"的地方进一步研究，以实现对知识的深入理解和突破。

总之，你只有在对所学知识进行深入分析并理解时，才能进一步提高记忆效能，更容易记住所学内容。也只有真正理解了的知识，才能更好地加以灵活运用。

7.4 直观形象记忆法：直观形象能让记忆更清晰更长久

7.4.1 直观形象记忆法能让记忆更清晰更长久

我教的 2019 级的一位优秀学子，她对政治知识的记忆非常牢固，每次提问她课本知识，她都能对答如流。大家都很好奇为什么她能将课本知识记忆这样清楚。她介绍说自己采用的是直观形象记忆法，在学习和复习时，她会将每一页课本的所有内容都在脑海中形成一幅画面，这幅画面里她清楚地知道第一段讲了哪些知识，第二段讲了哪些知识，第三段、第四段……而且她还知道第几段与第几段之间插有哪些小字或者插有哪几幅图片。这种直观形象的记忆方法既能避免死记硬背的枯燥，又能节约大量时间，还能达到很好的记忆效果。

我在多年的教学过程中也发现，对于课本知识点的记忆如果能在理解的基础上再结合直观形象记忆，也就是除了记忆知识点本身的内容之外，还记住知识点所在的课本位置，不仅能让知识点记忆更长久，而且还能在有所遗忘的情况下，根据课本所在位置回忆起知识点的具体内容。

这是因为直观形象记忆能让记忆内容在你的头脑中形成更加清晰的印象。

美国图论学者哈拉里强调直观形象的重要性，他说："千言万语不及一张图。"鲁迅先生也很重视直观形象的作用，他在任教时就常用画图来帮助学生理解和记忆。因为图示带有显著的直观性和鲜明性。

据此，在记忆时，我们应尽量采用直观形象的方法，将那些深奥、抽象的知识材料设法直观化、形象化，从而提升记忆效率。

7.4.2 直观形象记忆法的具体方法

1. 借助"模像"法。

学习时可借助直观的实物模型或构建模型、图像、照片、电影、录像、电视、幻灯片等，通过对它们的观察来获得对事物的感性认识，从而有助于加深记忆。

比如，学习物理时可使用传送带的实物模型来分析摩擦力、牛顿运动定律、功能及摩擦生热等问题；学习数学时可构建追及相遇模型来把握运动规律、临界问题、时间位移关系等问题；学习历史时可在假期观看《辛亥革命》《觉醒年代》等影片、电视剧来了解和记忆历史史实。

2. **想象画面法。**

我们可以将所要记忆的内容想象成一幅幅画面，从而获得生动形象的记忆。

比如，如果我们能在理解诗意或者文字的过程中展开丰富的想象，将一首诗或一段文字所反映的画面在头脑中想象出来，在此基础上的记忆就会更加牢固，背诵时也能更加流畅自如。以王维的《鸟鸣涧》为例，"人闲桂花落，夜静春山空。月出惊山鸟，时鸣春涧中。"我们可以想象这样的画面进行记忆：人闲来无事，看桂花飘落，夜晚静谧无声，春天的山林一片空寂。明月升起，惊动了几只栖息山鸟，它们不时地在山涧中鸣叫。

再比如，我们可以通过想象画面法，将左脑的想象和右脑的逻辑思维结合，从而把一些毫无逻辑关系的关键字、词、句记住。比如：篮球、飞机、鲜花、学校、操场、老师和学生。可以想象成这样的画面：在学校的操场上，老师和学生们正在用篮球、纸飞机和鲜花做着各种游戏。这样，我们通过记忆想象中的画面，就能很快记住这些并没有逻辑关系的内容。

3. **图解记忆法。**

对于那些需要记忆但又比较抽象的内容，我们可以用图、表等形式描绘出来，以增强记忆效果，还可以培养我们的联想能力和形象思维能力。

图解记忆法主要有以下几种具体方法：

（1）思维导图法：

思维导图是应用于记忆、学习、思考等的思维"地图"，有利于人脑扩散思维的展开，是一种已经在全球范围得到广泛应用的思维工具。它运用图文并重的技巧，把各级主题间的关系用层级图表现出来，把主题关键词与图像、颜色等因素建立记忆连接，简单却又有效。

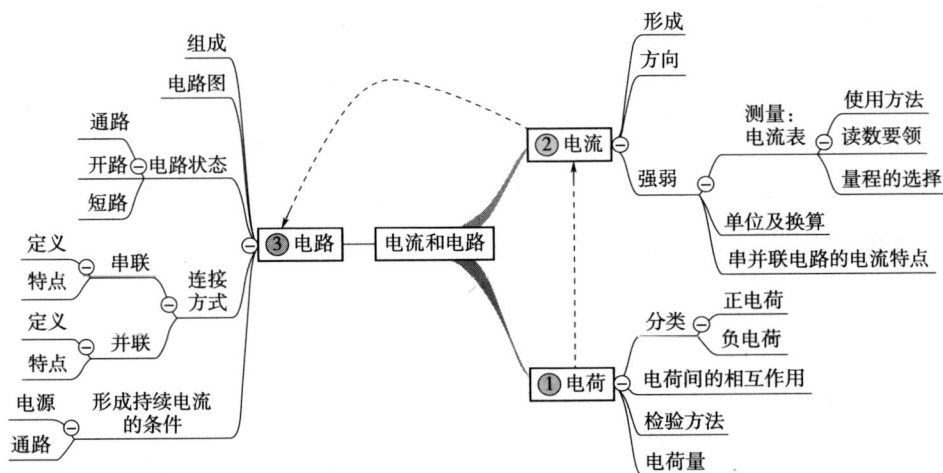

（2）体系框架图法：

体系框架法又称框架笔记法，还被称为网络笔记法，主要用于对课本主干知识的整理和复习，通过分析、整理把有关知识条理化、归纳成一个个有类别、有次序的框架，用文字符号把它固定下来，以便加深理解或应用的一种方法。这种体系框架法可以将知识归纳成一整套系统，并具有清晰的层次和逻辑顺序，不仅有助于记忆知识，也有助于知识的理解和运用，具有普遍实用性。

比如，历史学科的古代中国的科学技术与文化的体系框架如下图所示。

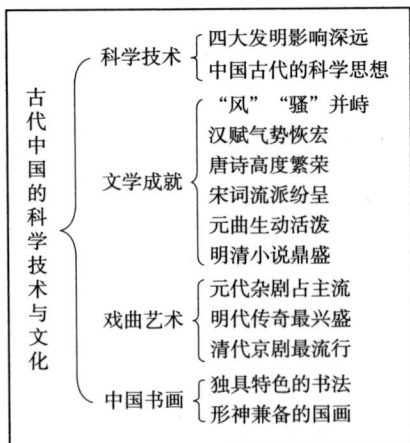

（3）图示法：

有些记忆内容用文字表述时很抽象、比较难理解，用图形表示时则非常直观、很容易理解，给人留下的记忆也更加深刻。

比如，在政治经济学中，对于价值规律的文字表述是："商品的价值量由生产商品的社会必要劳动时间决定，商品交换要以价值为基础实行等价交换。价值规律的表现形式是价格受供求关系的影响，围绕价值上下波动。"我们可以用价格围绕价值上下波动图来理解说明价值、价格与供求三者之间的关系。如下图所示。

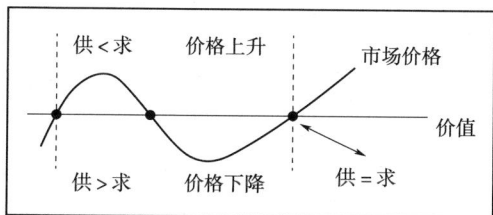

这幅图形象地说明了价值、价格与供求之间的关系：当供不应求时，价格往往高于价值；当供过于求时，价格往往低于价值。但价格始终是以价值为基础，上下波动的幅度不会太大。从总体上来看，价格与价值还是保持一致的。我们用这个图形就能很好地理解和记住价值规律。

由于图示法能够很简明清晰地揭示事物间的关系，便于我们更好地掌握知识，因此，它在我们的工作和学习中被广泛地采用。例如门捷列夫的"化学元素周期表"、"我国历史朝代年表"等，看起来简洁明了。这种利用图示进行记忆的方法称为"图示法"。

又如，对英语词组的归类整理可以用图形表示出来，看着更加清晰，一目了然，也更有助于我们记忆。

（4）表格法：

表格法是将测量得到的数据或者需比较的两者的关系制成表格，然后再进行其他处理的方法。表格法能够清晰地显示各变量间的对应关系或者两者的对比关系，具有简单方便、清晰明确的特点，有易于参考、比较和发现问题等优点。

例如：以下对文明与文化两者关系的对比表格，就能够让人清晰明确地把握两者的区别和联系。

```
depend on      依靠
insist on      坚持
keep/go on     继续
put on         穿上
move on        移动        ┌────────┐
feed on        生计        │ 动词+on │
take on        雇佣        └────────┘
have on        穿着
look on        旁观
rely on        依靠
carry on       进行
spend on       花钱

belong to      属于
refer to       谈到
turn to        查阅
see to         料理
reply to       答复        ┌────────┐
object to      反对        │ 动词+to │
point to       指向        └────────┘
stick to       忠于
come to        共计
get to         到达
bring to       苏醒
```

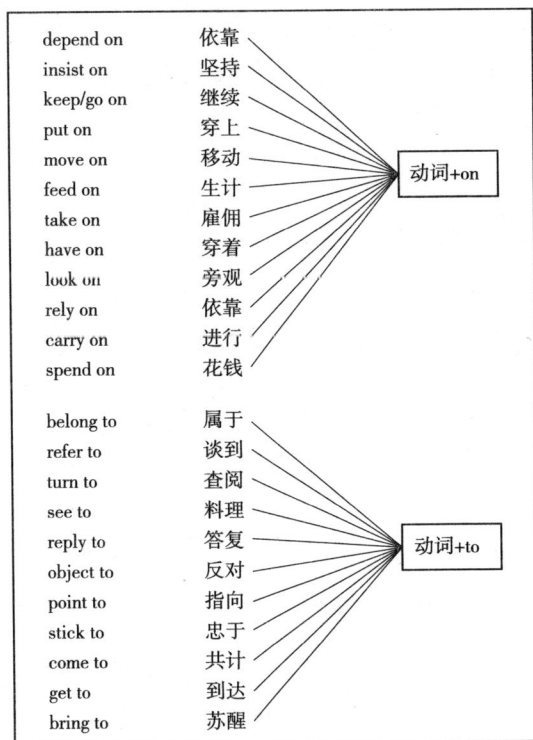

关系对比		文　明	文　化
区别	含义	文明是人类进步和开化状态的标志	文化是相对于经济、政治而言的人类全部精神现象
	性质	文明都是积极向上的	文化有先进与落后的区分
	类型	物质文明、精神文明、制度文明、生态文明	包括世界观、人生观、价值观等具有意识形态内容，又包括自然科学和技术等非意识形态的内容
	拓展	文明与"野蛮"相对，是人类进步与开化状态的标志	文化与"自然"相对，重点强调"化"的过程
联系		①文化与文明都是实践的产物，创造主体都是人；②先进文化是人类文明的一项重要内容；③文化发展中的积极成果就是文明	

　　总之，直观形象记忆法由于把记忆内容转换成直观形象的模型、画面或者图形，使记忆内容更加清晰明确、生动形象，从而唤醒我们的右脑记忆，使我们的左右脑并用，能极大地提升我们记忆的效率和效果。

7.5　压缩简化记忆法: 简洁明了能有效减轻记忆负担

7.5.1　压缩简化记忆法能减轻记忆负担

心理学研究表明, 人的记忆是以"组块"为单位的, 每一个组块内的信息量多少是相对的。一个句子可以作为一个组块, 一个字、一个词组也可以看作一个组块。

组块内部的信息不是各自独立而是相互联系的。如果把记忆材料分成适当的组块, 并将每个组块根据主要意思压缩、简化为关键字词进行记忆, 再将每个组块的关键字词进行扩充, 恢复原有内容, 就能大大减轻记忆负担, 增强记忆效果。

7.5.2　压缩简化记忆法的主要形式

1. 口诀简化记忆法。

口诀简化记忆法就是将所要记忆的内容压缩简化为关键字词, 再编成口诀进行记忆。由于口诀朗朗上口, 易读又好记, 能很好地记住所要记忆的内容。应用时再根据口诀进行联想展开, 从而达到准确、全面记忆的目的。

比如, 中国的历史朝代, 有人把它编成口诀: "唐尧虞舜夏商周, 春秋战国乱悠悠。秦汉三国晋统一, 南朝北朝是对头。隋唐五代又十国, 宋元明清帝王休。" 这样做不仅提高了记忆效率, 而且经久不忘。

口诀简化记忆法也可以运用到物理学习中, 比如记忆物理的左手定则、右手定则和安培定则, 可以编成这样的口诀: 左电动, 右发电, 右手螺旋磁力线。

口诀简化记忆法既简单又有趣, 但在开始时要动一番脑筋, 把识记材料编成生动有趣甚至押韵的口诀, 需要费点工夫, 不过, 一旦编好记忆后, 就很难忘记。

2. 内容压缩记忆法。

内容压缩记忆法就是根据所要记忆的材料主干, 将其内容的核心和精华进行高度压缩简化, 用最简单的文字表达出来加以记忆的方法。

比如, 复习中国古代史的井田制, 可将其内容压缩简化为: "国王所有, 诸侯享有，奴隶耕作，形似井字"，或者进一步压缩简化成："王有、侯有、奴耕、井形"。

再比如，消费者维护权益的途径：与经营者协商和解；请求消费者协会调解；向有关行政部门申诉；根据与经营者达成的仲裁协议，提请仲裁机构仲裁；向人民法院提起诉讼。这五条途径可以压缩简化为五个关键词：和解、调解、申诉、仲裁、诉讼。

内容压缩记忆法需要积极思考和努力筛选总结，才能把精华提炼出来。在压缩简化的过程中我们需要删繁就简，高度概括内容，从而使需要记忆的文字数量大大减少，这种方法能显著提高记忆效率。我们只需要在回忆这段内容时，根据理解在压缩简化的关键字词上"添枝加叶"就可以了。

3. 关键字串联记忆法。

关键字串联记忆法就是提取每句话、短语或词的关键字并按顺序串联起来进行记忆的方法。

比如，记忆四大石窟名称时，由四大石窟——云冈石窟、龙门石窟、麦积山石窟和莫高窟，可记为："云龙卖（麦）馍（莫）"，联想为一个叫云龙的人在卖馒头。这样就能很快记忆，而且印象深刻。

如果不采用这种关键字串联记忆法，直接死记硬背是很难记住的。这种方法有利于在记忆中形成知识结构的整体缩影，但在具体使用时进行关键字压缩后会觉晦涩难懂，这时需再以谐音来辅助联想记忆，印象才会更加深刻。

压缩简化记忆法是记忆的一个捷径，只要运用得法，既能帮助我们记忆、巩固知识，又能节省大量时间，极大地提高记忆效率，达到高效记忆的目的。

但是压缩简化记忆法不是万能的，不能盲目地运用，一定要在真正理解内容的基础上加以压缩简化，才能达成良好的效果。

7.6 联想记忆法：联结记忆能加深记忆和更长久地记忆

7.6.1 联想记忆能够达到加深记忆、长久记忆的效果

美国著名记忆专家哈利·洛雷因说："记忆的基本法则是把新的信息联想于已知事物。"所谓联想，就是由当前感知或思考的事物想起相关的另一事物，或者由

头脑中想起的一件事想到另一件事。由于各种客观事物都是相互联系的，各种知识之间也存在相互联系，所以我们在记忆知识的时候，完全可以利用识记对象与客观现实的联系、已知与未知的联系、材料内部各部分之间的联系等联系来进行记忆，从而达到加深记忆、长久记忆的效果。

7.6.2　联想记忆法的几种具体形式

1. 接近联想记忆法。

接近联想记忆法也可以称为"邻近联想记忆法"，指的是两种及以上的识记对象，在时间或空间上有着较为接近的关系，只要想起其中的一个识记对象，便很容易回忆起另一个，再由另一个去连接其他的记忆素材。在此基础上建立起来的联想记忆法就是接近联想记忆法。接近联想有助于我们将新、旧知识联系起来，从而增强知识的联系性和凝聚力。

比如，对英语单词的记忆，我们打球时可以联想到：ball（球），（play）basketball（打篮球），（play）football（踢足球），playground（操场）等；吃饭时联想到：（have）breakfast（吃早餐），（have）lunch（吃午餐），dining-room（餐厅）等。

只要我们善于总结归纳、勇于尝试和灵活运用，接近联想记忆法不仅可以用来帮助我们记忆应考知识，还能够帮助我们记忆生活中需要记忆的各类事物。

2. 相似联想记忆法。

相似联想记忆法，指的是以识记材料的相似为基础而建立起来的一种记忆方法。我们在运用相似联想记忆法时，要仔细分析识记材料之间的共性，找出相似点，据此在识记材料之间建立联系，从而实现由其中一个识记材料联想到其他识记材料的目的，从而强化我们对这些识记材料的记忆。

比如，当我们记忆英语单词时会遇上很多拼写中有相似或相同内容的词汇，我们可以将其清晰地整理出来以强化记忆。比如，同时包含了"tain"的词汇，就是可以整理为：attain（得到），obtain（获得），contain（包含），sustain（支持），maintain（维持），retain（保留），mountain（山脉）等。

再比如，我国各省份地图，山东像老鹰、青海像玉兔、海南像菠萝、广西像虎头、新疆像牛头、四川像牦牛、河南像弓箭、黑龙江像天鹅等。

相似联想通过把相似的内容放到一起记忆，从而达到降低记忆难度的目的。

3. 归类联想记忆法。

归类联想记忆法就是通过分类，将同类事物放到一起记忆，从而提升记忆效率。

比如，在我国文学史上，诗词家多如繁星，我们可以将他们归入特定流派进行记忆。比方说陶渊明、杜甫和白居易以及陆游就都可以分为"现实主义流派"，这一流派诗作的共同特点是多用朴实的语言和白描的手法，真实形象地反映社会生活；屈原、李白、王之涣、王昌龄、岑参、李贺、苏轼、辛弃疾、龚自珍等都可以分为"浪漫主义流派"，这一流派的共同特点是：洋溢着追求理想的进取精神和乐观向上的豪迈气概；常使用大胆的夸张和奇特的比拟来描绘充满丰富想象的美妙虚幻境界。

再比如，英语中有关时间的单词可以分类为（1）Time：century，year，season，month，week，day，night，hour，quarter，minute，second.（2）Seasons：spring，summer，autumn，winter.（3）Months：January，February，March，April，May，June，July，August，September，October，November，December.（4）Week：Sunday，Monday，Tuesday，Wednesday，Thursday，Friday，Saturday.

4. 因果联想记忆法。

因果联想记忆法就是利用识记材料之间的因果关系，从原因联想到结果或从结果联想到原因的记忆方法。

比如，地理学科中的因果关系：地理自转→地转偏向力→盛行风向→洋流的流向。

一件事情的产生必然有原因，也会导致某种结果，这个结果又是导致另外事情发生的原因，如此循环，我们便能在记忆中形成"原因→结果（原因）→结果"的思维链。当我们习惯运用因果联想记忆法将这些知识点根据因果关系串联起来时，我们记忆知识也就能轻松许多。

5. 奇特联想记忆法。

是指利用一些奇特的联想方法，如谐音创新联想和故事串联联想等，把零散的知识联系起来，在大脑中形成一连串物象的记忆方法。通过奇特联想，能增强知识对我们的吸引力和刺激性。

（1）谐音创新联想：

谐音创新联想就是从要点中取出关键字（有时可以不止一个），通过谐音变形、顺序调整，使原来无意义的音节变成有意义的词句，使记忆的内容更加生动、有趣，可以收到出奇制胜的效果。

比如，地理学科中采用谐音创新联想法记忆中国的 10 条大河：辽河、海河、黄河、黑龙江、鸭绿江、怒江、珠江、澜沧江、长江、雅鲁藏布江。如果死记硬背会很费劲，略加思考，可变成 10 个字："辽、海、黄、黑、鸭"，这是用 5 条河的字头组成的；"怒猪（珠）滥（澜）长牙（雅）"则是用了谐音。记住这 10 个字，也就记住了 10 条河的名称。

大家也可以多利用有趣的谐音记忆法，结合自己的记忆实际编谐音记忆的内容，这样不仅能够极大地提高我们的记忆效率，增强记忆效果，也更有利于激发我们的学习热情，增强学习的积极性和主动性。

（2）故事串联联想：

故事串联联想就是以要点关键字词作为基本情节要素，再将这些要素连成一个故事，各个要点的出场顺序可以随意调整，以便于联想。

比如，我们随便列出几个词语：钢琴、小偷、保险柜、戒指、雨水，我们该如何给这 5 个词汇建立起关系？我们可以进行故事串联联想：在一个大雨滂沱的夜里，小偷溜入室内行窃，他看见了一个巨大的保险柜，打开保险柜发现里边摆着一枚戒指，折射着耀眼的光芒。通过这个故事，你就会很容易记住这些词汇。

可能会有人担心，认为自己没有编故事的天分，怕记不住自己想象的东西，无法使用这种记忆方法。其实这种顾虑是多余的，你可以根据直觉去假设，只要想象的故事是合理、符合逻辑的，同时也是自己感兴趣的就好，别给自己设置难度。

总之，我们要在记忆时巧妙运用联想记忆法，就能对知识形成更加清晰的联结记忆，从而更牢固地记住知识。

第8章

灵活提取：建构知识体系和高效完成作业，巩固所学

来自同学们的困惑：

"学了这么多学科这么多知识，我该怎样把它们都装到脑子里？"

"为什么我课本知识也背会了，可做题时却还是不会运用呢？"

"自从上了初中、高中，学的科目多，老师布置的作业也多，总感觉写不完作业，我该怎么办？"

"作业都写不完，哪有时间预习复习？更别说干其他事儿了！"

"作业多，感觉自己整天被作业压得喘不过气来，导致自己手忙脚乱，焦虑心态失衡，我该怎么办？"

8.1 构建课本知识体系：能将知识条理化系统化地存储在脑海

8.1.1 按学习进度"节—课—单元"构建知识体系

建构主义理论认为：主动性学习是学习者基于原有的知识经验生成和重建理解的过程。学生学习的过程也是一个不断接受间接经验、主动构建知识结构的过程，以此获得对知识本质的理解和知识间联系的把握。

只有不断地总结、构建知识体系和运用知识体系, 才能不断地提升对知识的理解和运用能力。

初、高中阶段各科的课本体系, 几乎都是按 "单元—课—节" 或者 "章—节" 编排的。但学习时却是由小到大, 由 "节—课—单元" 或者由 "节—章" 的学习。因此我们在学习的过程中也应该按照学习的进度, 先是总结小节知识框架, 然后将各个小节联系起来, 总结每课的知识框架, 再把课与课联系起来, 总结成每单元的知识框架。

我以自己所教政治学科选择性必修 2 《法律与生活》为例, 演示一下知识体系的构建程序。

1. 一节内容的知识体系构建。

比如我们学到第九课第一节 "认识调解与仲裁" 时, 首先要根据课本分析、理解课本讲了哪些知识: 课本第一目 "以和为贵选调解" 的第一段, 讲了多元解决纠纷的方式, 包括协商和解、调解、仲裁或诉讼。其中调解是优先选择; 课本的第二段讲了调解的含义及类型; 课本的第三段讲了人民调解的相关知识。课本第二目 "便捷经济选仲裁", 第一段讲了仲裁的含义、类型, 常见的商事仲裁的含义; 第二段讲了商事仲裁的原则及特点。其次, 在将这些知识理解之后融会贯通, 我们就可以通过框架构建层次清晰的知识体系, 如下图所示。

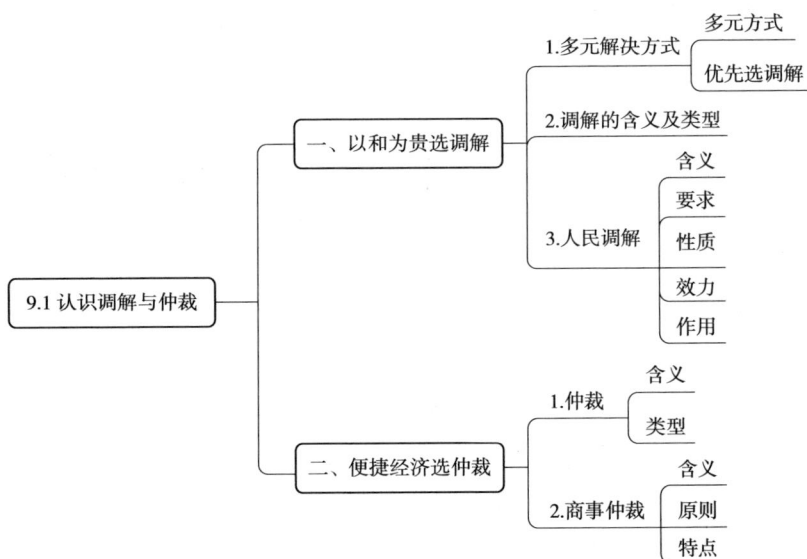

其他小节的知识也应如此构建知识体系。

2. 一课内容的知识体系构建。

当我们学完第九课第一节和第二节之后，我们要将这两节的知识有效整合起来，形成第九课的知识体系，如下图所示。

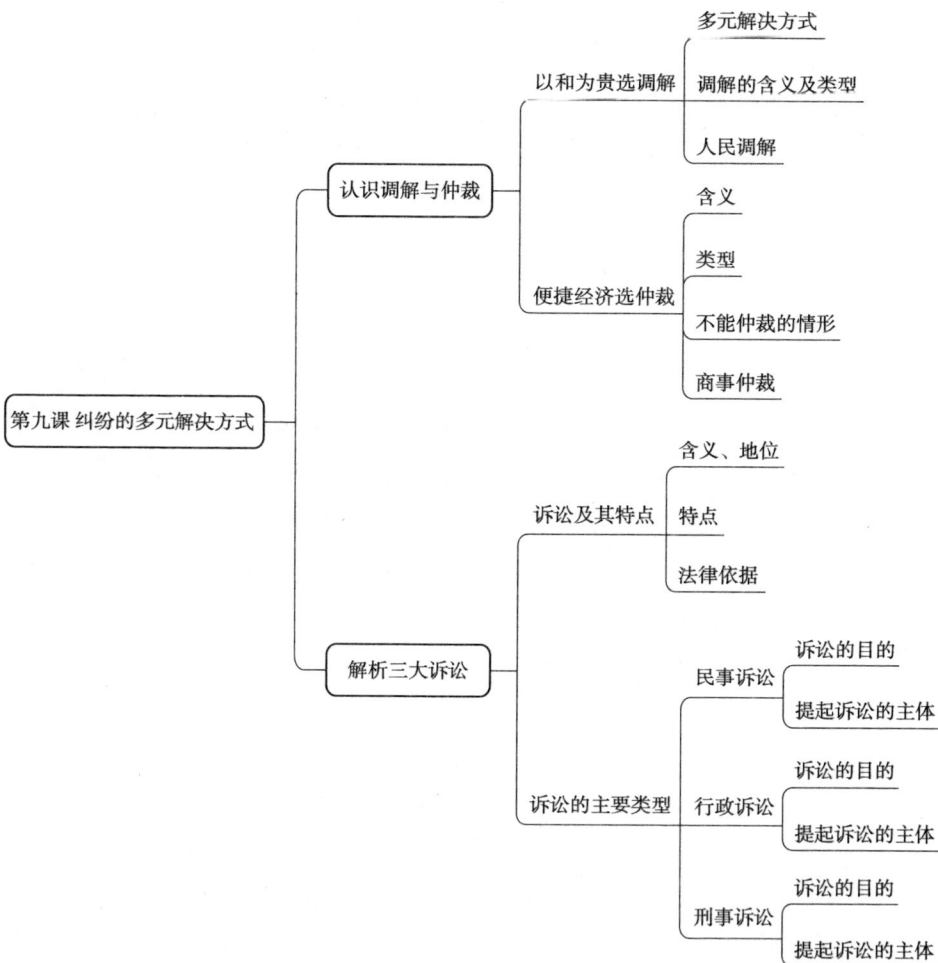

3. 一单元内容的知识体系构建。

学完第九课和第十课的内容之后，我们要根据第四单元的单元标题和内容，将第四单元所讲的社会争议解决方式有效整合起来，形成第四单元清晰明了的知识体系，如下图所示。

```
                            ┌─ 含义
              ┌─ 调解 ─┤
              │         └─ 类型    人民调解    含义、要求、性质、效力、作用
              │
              ├─ 仲裁 ── 含义及类型    商事仲裁    含义、原则、特点
              │
              │  ┌─ 含义、地位、特点、要求
              │  │
              │  │  ┌─ 三大诉讼类型：民事诉讼、行政诉讼        ┌─ 分别的目的
              │  │  │      和刑事诉讼                        └─ 分别提起的主体
              │  │  │
              │  │  │              ┌─ 委托诉讼代理人或辩护人
              │  │  ├─ 诉讼权利 ─┤
              │  │  │              ├─ 申请回避
第四单元  ─┤  │  │              └─ 上诉
社会争议解决   │  │  │
              │  │  │              ┌─ 为什么设立法律援助制度
              │  │  │              │
              │  │  ├─ 寻求法律援助 ├─ 法律援助的含义及内容
              │  │  │              │
              │  │  │              ├─ 法律援助的适用情形
              │  │  │              │
              │  │  │              └─ 法律援助的审查与办理
              │  │  │
              │  │  │                        ┌─ 起诉
              └─ 诉讼 ─┤                      ├─ 立案        ┌─ 开庭准备
                    │                      ├─ 应诉        ├─ 法庭调查
                    │  ├─ 严格遵守诉讼程序 ├─ 开庭审理 ─┤─ 法庭辩论
                    │  │                                 ├─ 休庭评议
                    │  │                                 └─ 宣告判决
                    │  │                      └─ 二审与再审
                    │  │
                    │  │                                        ┌─ 证据的含义、作用、种类
                    │  │                      ┌─ 处处留心皆证据 ─┤
                    │  │                      │                  └─ 证据的收集和保存
                    │  └─ 依法收集运用证据 ─┤
                    │                        │                  ┌─ 民事诉讼举证
                    │                        │                  ├─ 行政诉讼举证
                    │                        └─ 主张权利靠举证 ─┤─ 刑事诉讼举证
                    │                                           └─ 诉讼的基本原则、灵魂、
                                                                    规则、意义
```

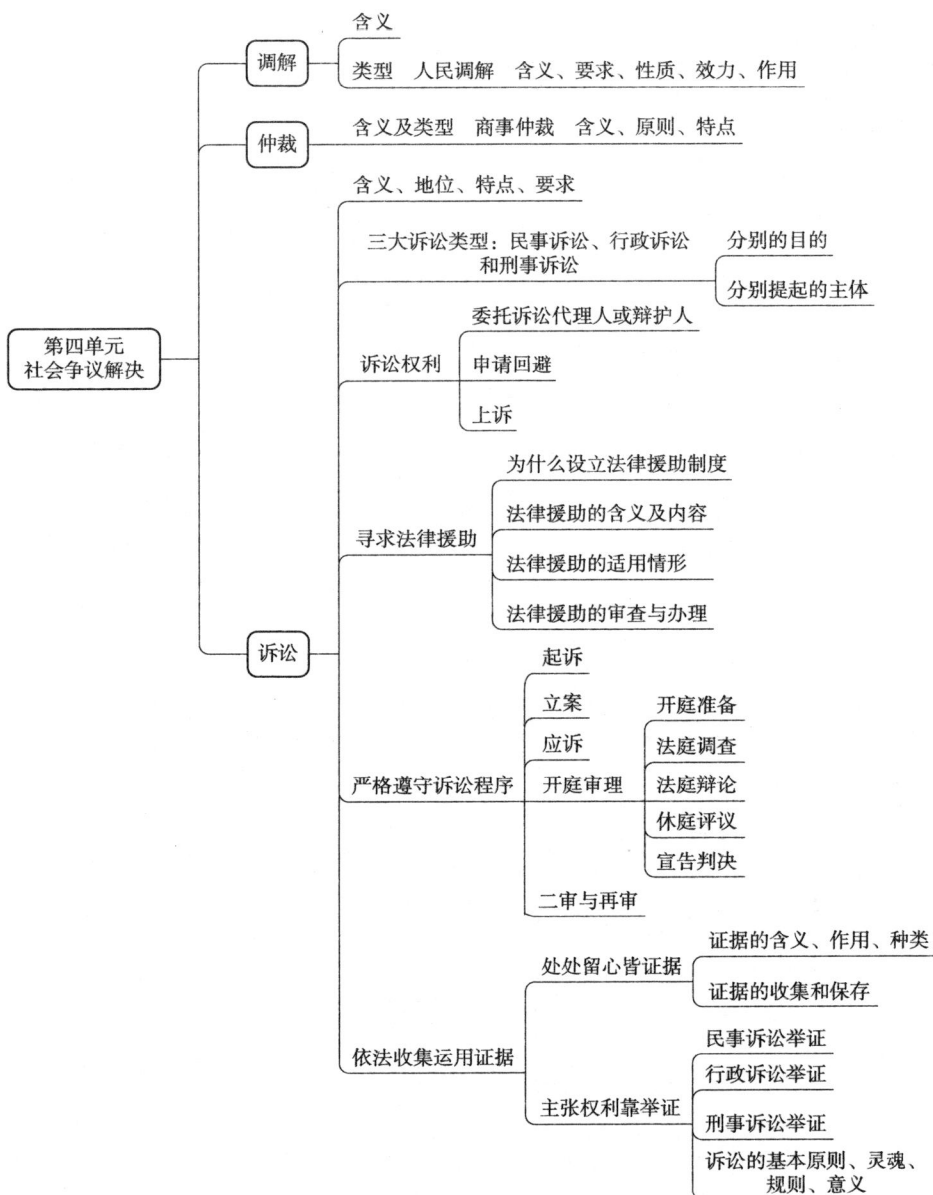

8.1.2　构建整本书的知识体系

　　一节、一课、一单元的知识都是陆续学习到的，我们要真正很好地把握一本书的精髓，就必须将整本书的知识前后联系起来，在理解后融会贯通，然后进行整理

归纳，从而主动构建起整本书的知识体系。

下图就是将选择性必修 2《法律与生活》四个单元的所有知识学完之后整理出来的知识体系。

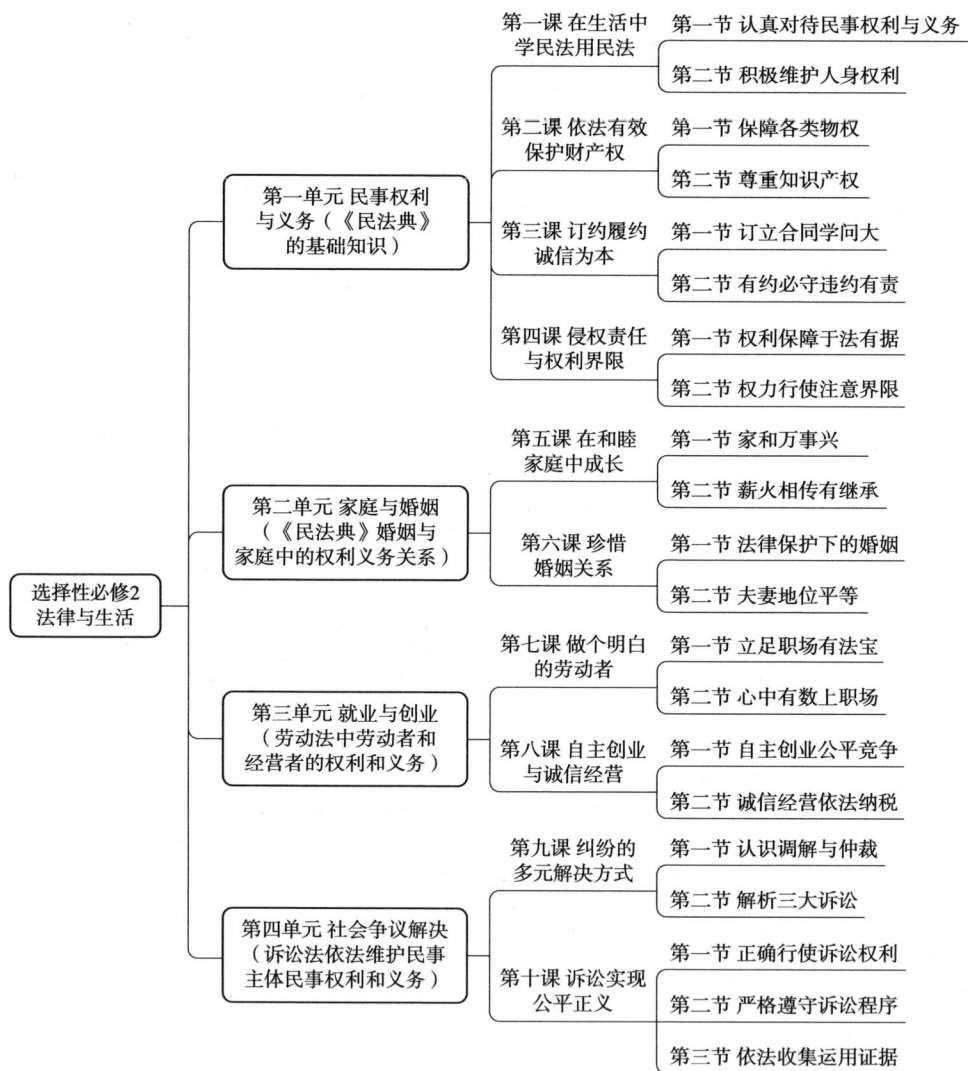

```
选择性必修2
法律与生活
│
├─ 第一单元 民事权利
│   与义务（《民法典》
│   的基础知识）
│   ├─ 第一课 在生活中
│   │   学民法用民法
│   │   ├─ 第一节 认真对待民事权利与义务
│   │   └─ 第二节 积极维护人身权利
│   ├─ 第二课 依法有效
│   │   保护财产权
│   │   ├─ 第一节 保障各类物权
│   │   └─ 第二节 尊重知识产权
│   ├─ 第三课 订约履约
│   │   诚信为本
│   │   ├─ 第一节 订立合同学问大
│   │   └─ 第二节 有约必守违约有责
│   └─ 第四课 侵权责任
│       与权利界限
│       ├─ 第一节 权利保障于法有据
│       └─ 第二节 权力行使注意界限
│
├─ 第二单元 家庭与婚姻
│   （《民法典》婚姻与
│   家庭中的权利义务关系）
│   ├─ 第五课 在和睦
│   │   家庭中成长
│   │   ├─ 第一节 家和万事兴
│   │   └─ 第二节 薪火相传有继承
│   └─ 第六课 珍惜
│       婚姻关系
│       ├─ 第一节 法律保护下的婚姻
│       └─ 第二节 夫妻地位平等
│
├─ 第三单元 就业与创业
│   （劳动法中劳动者和
│   经营者的权利和义务）
│   ├─ 第七课 做个明白
│   │   的劳动者
│   │   ├─ 第一节 立足职场有法宝
│   │   └─ 第二节 心中有数上职场
│   └─ 第八课 自主创业
│       与诚信经营
│       ├─ 第一节 自主创业公平竞争
│       └─ 第二节 诚信经营依法纳税
│
└─ 第四单元 社会争议解决
    （诉讼法依法维护民事
    主体民事权利和义务）
    ├─ 第九课 纠纷的
    │   多元解决方式
    │   ├─ 第一节 认识调解与仲裁
    │   └─ 第二节 解析三大诉讼
    └─ 第十课 诉讼实现
        公平正义
        ├─ 第一节 正确行使诉讼权利
        ├─ 第二节 严格遵守诉讼程序
        └─ 第三节 依法收集运用证据
```

每门学科的每本书都应该及时地构建起知识体系。这样，我们通过构建知识体系，不仅能加深对课本知识的理解，而且能够更好地把握知识之间的联系，在头脑中形成清晰的层次结构，完成对知识的内化与存储，从而有利于更长久地记忆和更方便、更灵活地提取、运用。

8.2　构建知识应用体系：能让知识运用变得更加得心应手

8.2.1　按专题总结知识应用体系

在复习时，如果我们能够结合做题的情况，将课本知识按专题进行系统的总结，无论是对该专题知识的深化理解，还是对做题运用，都是极其有帮助的。

比如语文学科可以按照古代文言文、诗词、现代文阅读、写作、综合性学习等专题进行归纳整理。

下图是现代文阅读专题的整合体系。

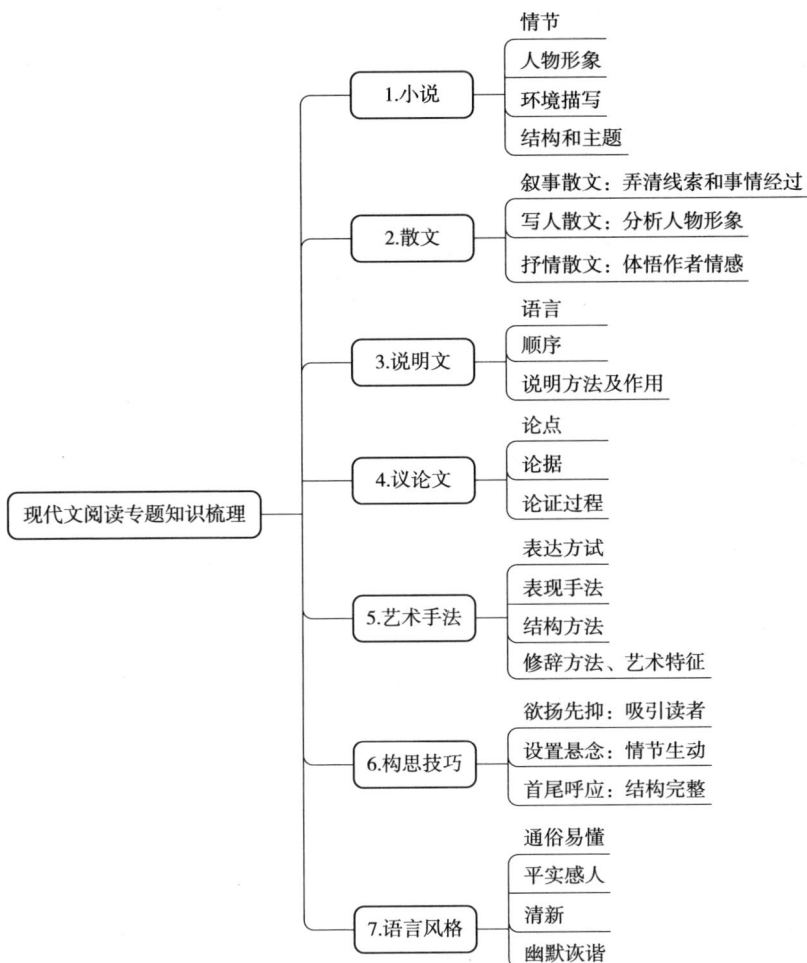

现代文阅读专题知识梳理
- 1.小说
  - 情节
  - 人物形象
  - 环境描写
  - 结构和主题
- 2.散文
  - 叙事散文：弄清线索和事情经过
  - 写人散文：分析人物形象
  - 抒情散文：体悟作者情感
- 3.说明文
  - 语言
  - 顺序
  - 说明方法及作用
- 4.议论文
  - 论点
  - 论据
  - 论证过程
- 5.艺术手法
  - 表达方试
  - 表现手法
  - 结构方法
  - 修辞方法、艺术特征
- 6.构思技巧
  - 欲扬先抑：吸引读者
  - 设置悬念：情节生动
  - 首尾呼应：结构完整
- 7.语言风格
  - 通俗易懂
  - 平实感人
  - 清新
  - 幽默诙谐

其他专题其他学科都可以这样做，按不同专题对课本知识重新进行归纳整合。

8.2.2　按考试题型总结做题应用体系

"学习的目的全在于运用"，我们平时学习的知识都要应用在考场上去解决各类考试题目，解决各类情境、各种问题。

因此，我们需要直接按考试题型对知识和做题运用加以总结，形成一套做题应用体系，才能进一步提高解题能力和知识应用能力。

比如，语文学科就可以按照考试的四类题型：现代文阅读、古代诗文阅读、基础知识和作文写作进行归纳总结，从而形成语文学科的做题应用体系。

下图是高中语文考试应用体系。

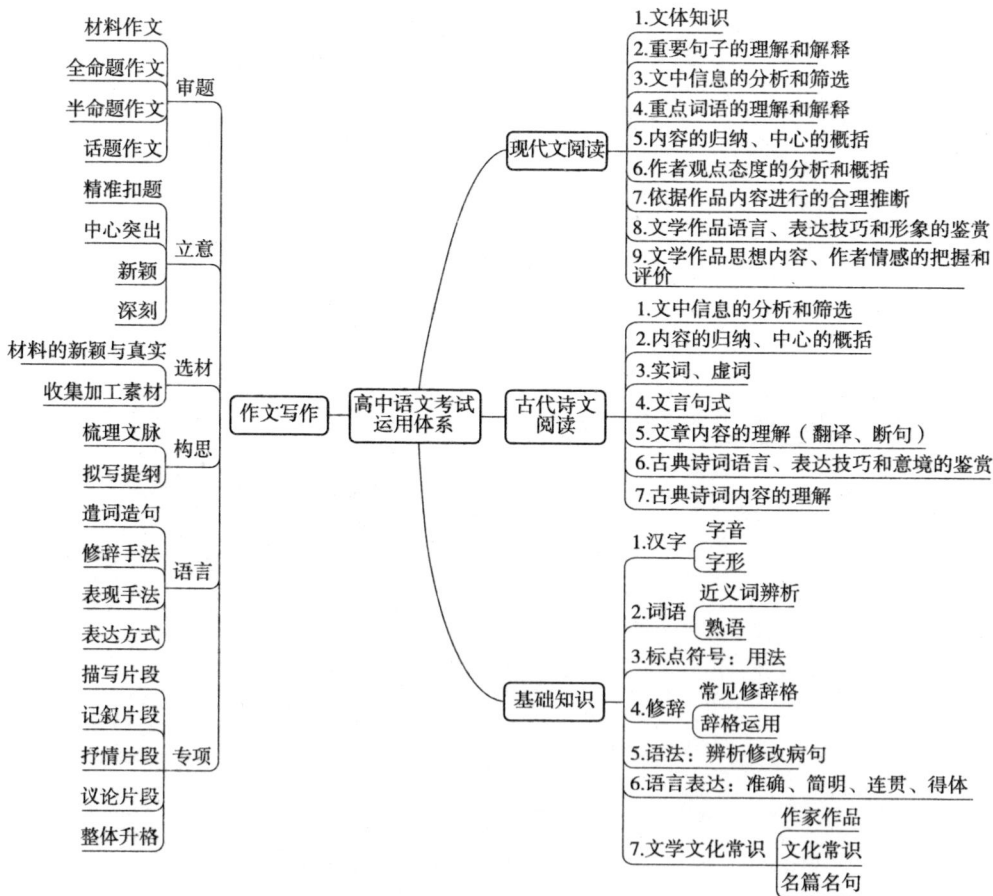

现代文阅读
1.文体知识
2.重要句子的理解和解释
3.文中信息的分析和筛选
4.重点词语的理解和解释
5.内容的归纳、中心的概括
6.作者观点态度的分析和概括
7.依据作品内容进行的合理推断
8.文学作品语言、表达技巧和形象的鉴赏
9.文学作品思想内容、作者情感的把握和评价

古代诗文阅读
1.文中信息的分析和筛选
2.内容的归纳、中心的概括
3.实词、虚词
4.文言句式
5.文章内容的理解（翻译、断句）
6.古典诗词语言、表达技巧和意境的鉴赏
7.古典诗词内容的理解

基础知识
1.汉字：字音／字形
2.词语：近义词辨析／熟语
3.标点符号：用法
4.修辞：常见修辞格／辞格运用
5.语法：辨析修改病句
6.语言表达：准确、简明、连贯、得体
7.文学文化常识：作家作品／文化常识／名篇名句

作文写作
审题：材料作文、全命题作文、半命题作文、话题作文
立意：精准扣题、中心突出、新颖、深刻
选材：材料的新颖与真实、收集加工素材
构思：梳理文脉、拟写提纲
语言：遣词造句、修辞手法、表现手法、表达方式
专项：描写片段、记叙片段、抒情片段、议论片段、整体升格

高中语文考试运用体系

初、高中的其他学科也均可以据此对考试题型所涉及的知识和方法, 还有自己做题的心得进行整合、总结, 从而形成各科的考试做题应用体系, 不仅能极大地提升你对知识的深入理解和运用水平, 还有助于提升你的解题能力和应试能力。

当然, 你也可以通过上网查资料、请教老师、与同学共同探讨, 参照别人的体系, 并结合自身对知识的理解和对考试做题应用的总结, 来构建属于自己的知识体系和做题应用体系。

构建每门学科的课本知识体系、专题知识体系和做题应用体系是我们打造超强学习力的必备环节。

8.3　明确作业的目的和作用: 要从 "作业题海" 中跳脱出来

8.3.1　明确作业的目的

在对待写作业的问题上, 学生中间存在这样两种典型的错误观点:

一种是认为写作业或 "刷题" 没什么必要, 只要将课本的基础知识掌握牢固就行了; 另一种则认为写作业或 "刷题" 非常重要, 甚至比掌握课本基础知识还重要, 认为只有大量 "刷题" 才能巩固知识。

持有第一种观点的学生, 往往经过几次考试检验之后, 就会有这样的疑问: 为什么我课本上的基础知识都会, 却还是不会做题? 而持有第二种观点的学生, 也会在经过几次考试检验之后发出疑问: 为什么我做了那么多题, 却还是难以取得理想的成绩?

我校 2014 级的一位优秀学子, 在交流学习经验时, 分享了他认为很重要的几点学习经验: 课上认真听老师讲课; 课下定期对课本知识进行复习; 认真完成作业; 认真对待每一次考试; 不断地总结反思、改进提升。

我校 2017 级考上南京大学的一位学子, 她说自己高中三年的经验教训, 全都概括在一句话里: 踏踏实实做好手边的事, 努力让梦想照进现实。她对踏实的注解:

是上好每一节课，让自己的大脑紧跟老师的节奏，积极回答问题，不走神；是做好每一次作业，有不同的思路或不懂的地方，要及时标注，方便之后与老师交流；是弄懂每一道题，不要不懂装懂，不要似是而非，而要彻彻底底的"懂与通"，能够举一反三；是认真对待每一次考试，考前细致复习，专心备考，考后查漏补缺，总结反思；是背好每一页书，记好每一页笔记，纠好每一次错，不要好高骛远，不要眼高手低，而要脚踏实地，实实在在。

由此可见，认真听讲、经常复习反思和认真完成作业都是优秀学子们共有的学习经验。

可是，对于绝大多数同学来说，作业太多写不完，每天几乎都处于应付作业的状态，写作业时会拖拉磨蹭、效率低下、粗心潦草、错误率高等。

我们怎样才能做到优秀学子们所说的"定期复习课本基础知识并认真完成作业"呢？

这就需要从"作业题海"中跳出来，明确作业的目的、作用和原则，才能厘清写作业与弄懂知识之间的关系，从而提升写作业的效率。

写作业的目的不是为了完成作业而写作业，而是为了真正掌握和灵活运用所学知识，提升素养能力！

8.3.2 明确作业的作用

作业的作用主要有四个：一是检测、巩固当天所学的知识；二是查漏补缺、深入理解并深化拓展课本基础知识；三是总结做题方法与技巧，举一反三，提升做题能力；四是灵活思维，提升分析问题、解决问题的能力和养成严谨细致的良好做题习惯。

实践告诉我们，课后学习的首要任务是先复习当天所学知识，而不是立即写作业。写作业是巩固和掌握知识的手段而不是目的。

因此，先复习再写作业，即在写每科作业之前，先花上几分钟回顾一下当天所学知识，在熟悉课本基础知识的前提下写作业，不仅能够减少写作业过程中由于对知识不熟悉，一再回过头来翻看课本进行理解所耗费的时间，还能在熟悉课本知识的基础上，通过做题进一步巩固和加深对基础知识的理解，从而大大提高作业的效率和质量。

总之，我们只有首先明确作业的目的和作用，并在此基础上真正发挥出作业的功效，才能不断地提升自己的学习能力和水平，巩固自己所学的知识。

8.4 高效作业的安排与原则：在有限的时间能更高效地完成作业

8.4.1 合理高效安排作业的流程

为什么有的同学拼命补习、每天写作业到很晚，对知识的掌握程度依旧不如人意？而优秀学子们总是很轻松，不仅早早就写完作业，甚至还有时间去参加各种活动……这难道真的是天生的学习速度不同吗？

并非如此，不是所有优秀学子都天生聪明，其实不少优秀学子起初学习速度也一般，只不过后来他们逐步掌握了高效学习方法，善于规划和利用自己的时间进行高效学习，并形成了良好的学习习惯。

那对作业来说，我们怎样才能在有限的时间里更合理、高效地安排作业并完成呢？

合理高效安排作业的流程是：

首先，要明确自己能够用来写作业的时间。主要是午休前后以及放学后晚自习这两个时间段，如果你想利用课间、大课间的时间写作业也无可厚非，但课间要以休息为主（参考"4.2.5 可供借鉴参考的改良版中学生学习计划表"）。

其次，要明确梳理当天各科所有的作业任务。由于初中、高中所学科目较多，如果每科老师都布置几项作业，加起来也不少。所以，需要明确梳理当天各科所有的作业任务，列好作业清单。

再次，将各科所有的作业任务按照难易度进行排序，按照最简单—最难—简单—较难—较简单的顺序和科目交叉（先弱势科目然后优势科目）安排作业。将最简单的作业最先做是因为最简单的作业做起来轻松顺手，能够让自己快速进入状态，从而避免了畏难情绪以及由此导致的懒惰、拖沓、磨蹭、效率低下；将最简单的一项做完后，休息5分钟，可以在心理状态良好，精力充沛的情况下接着完成最难完成的任务；接着休息5~10分钟之后，完成相对简单的作业，可以避免大脑的长时间过度紧张；然后再完成较难的作业；最后完成较简单的作业。当然，科目还要交叉穿插进行。这样可以防止大脑疲劳，提升写作业的效率。

最后，按照平时考试的时间进行合理预估每项作业的时间。若时间不够用，可按照紧急程度先做需要马上交的作业，对于时间要求不太紧迫的作业时间可以适当后延。如果时间还不够用，则可以大胆舍弃自己会做的题和根本就不会做的题，有选择性有针对性地做题。

8.4.2　高效完成作业应遵循的几项原则

1. 先复习再写作业。

做每一项作业之前，抽出5~10分钟快速复习一下当天所学知识，就好比做运动前的简单热身，在熟悉知识的前提下，做题自然会更顺利、更高效。

2. 在写每一项作业之前做好准备工作，注意隔离诱惑和不良情绪。

为了更安静更专注地高效完成作业，在写每一项作业之前，需要做好各项准备工作：喝水、上厕所、准备好需要用到的文具。当然，还需要注意隔离诱惑和不良情绪，否则可能会陷于诱惑和不良情绪中无法自拔。（有关隔离诱惑和不良情绪的方法，参照"4.3.1 隔离诱惑和不良情绪，从微小的事情开始立即行动克服拖延是关键"）一旦开始写作业，就要专心致志，不浪费每一分钟。

3. 一旦开始就要静下心来，专注、细致、用心写作业，进入深度做题状态，可采用倒计时限时训练法。

一旦开始写作业就一定要静下心来，进入做题状态，高度专注，做题严谨细致，进入深度做题状态，与题目材料信息和自我进行对话，用心分析问题并灵活调用所学知识，找到解决问题的办法。可采用倒计时限时训练法（见下一小节）。

4. 根据大脑专注力的单位时间，每 15 分钟或 40 分钟休息 5~10 分钟。

日本脑神经科学家桦泽紫苑，围绕提高大脑专注力和更高效率地利用时间进行学习和工作，写了一本有关时间管理的书籍《为什么精英都是时间控》。书中提出人脑高度专注的状态一般只能持续 15 分钟，不会超过 20 分钟。也就是说，15 分钟是大脑高度专注的一个单位时间。

日本大学文理学院的森昭雄教授研究指出，人脑的专注力持续的极限是 40 分钟（一次性）。

所以，我们最好以 15 分钟为基本时间单位，每隔 15 分钟"小休息"一下。如果作业实在多，也可以持续 40 分钟"大休息"一下。这样，大脑的专注力才能持续更长时间，否则就会适得其反，写作业时间越长大脑越疲劳效率越低下。

5. 按照最简单—最难—简单—较难—较简单的顺序和科目交叉完成作业。

这样的"作业间歇转换循环"，可以"防枯燥、防长时间紧张、换脑子、提效率"。

6. 做完一项作业就及时对答案更正、纠错、反思、总结。

我在"8.3.1 明确作业的目的"中提到：写作业的目的不是为了完成作业，而是为了真正掌握和灵活运用所学知识，提升素养能力。所以做完作业不是目的，做完一项作业后，及时核对答案并更正纠错，对基础知识查漏补缺，做到真正掌握知识；同时反思、复盘自己做题的思维过程，不断地提升自己的思维能力，提升分析问题和解决问题的能力；总结归纳做题的方法和技巧，以便做到更灵活地运用所学知识，提升自己的做题能力。

7. 若写完作业还有时间，可以针对弱势学科的薄弱环节进行专项突破；若时间不够用，可按照紧急程度先做完需要马上交的作业，若时间还不够用，就有选择性和针对性地做题。

前面提到写完作业不是目的，因此写完并纠错、反思、总结之后，还有时间的话，可以针对自己弱势学科的薄弱环节进行研究，不断提升。若时间真的不够用，可以根据老师的要求，先做紧急要上交的作业，可适当延迟交的作业适当往后延。若是时间还不够用，可以有选择性地做那些对自己提升很有帮助的题，有针对性地做自己还没有掌握的薄弱环节的题，大胆地舍弃自己会做和完全不会做的题，将有限的时间用在对自己有作用和有意义的题目上。

总之，我们要想各种办法，在有限的时间里更合理、更高效地安排写作业的时间并完成，才能在学习中做到游刃有余，否则就会陷入作业题海的恶性循环之中。

8.5　几个典型的高效作业法：高效完成作业才能把握学习主动权

8.5.1　倒计时限时训练法是高效完成作业的最主要方法

据我近二十年教育教学经验观察，学生作业写不完的主要原因有三个：一是学习的确存在困难；二是陷于诱惑和不良情绪之中；三是缺乏高效的时间管理。

学习确实存在困难的解决方法，要从提前预习和用心认真听课开始改变，有关科学高效预习的方法参见"5.1.4 科学高效预习的步骤与方法"，高效听课的方法参见"第五章 听课理解：充分重视课堂，高效听课是关键"。其原因在于只有首先听懂理解然后才能做题运用。

陷于诱惑如零食、手机诱惑等，或者不良情绪如生气、压抑、痛苦等情绪之中，需要首先隔离这些诱惑和不良情绪（具体方法参见"4.3.1 隔离诱惑和不良情绪，从微小的事情开始立即行动是关键"），才能真正静下心来写作业。

缺乏高效的时间管理是大部分同学作业完不成的最主要原因。仔细观察和分析就会发现：拖延、磨蹭、随心所欲，比如刚写没几道就开始思想开小差，出去上厕所、吃零食或者玩一会儿手机等，这是很多同学平时写作业的状态，其效率远远不及考试时做题的效率。如果能以考试的状态和标准来写平时的作业，不仅会大大提高效率，效果也会更好。

所以，采用倒计时限时训练法来管理时间和作业，是高效完成作业的最主要方法。

倒计时限时训练法，也可称之为假设考试训练法，就是在限定的时间内进行倒计时，使自己的注意力高度集中，以便高效完成作业。虽然刚开始使用这种方法时可能会觉得紧张、不适应，但慢慢适应后就能养成高效做题的习惯。

倒计时限时训练法的具体注意事项如下：

1. 合理预估时间。

预估的时间太紧张或太宽松都不合适，最好与考试时做题速度一致，这样才是合理高效的。一般来说，每道选择题的做题时间为 1~2 分钟，每道大题的做题时间需要根据各科和各类型题的实际情况而定，一般在 10 分钟以内。通过倒计时限时训练，不断评估和调整自己做题的时间，减少不必要的时间浪费，在兼顾做题速度和质量的最佳结合点上找到自己理想的做题速度与时间，并固定下来，逐步养成自己的做题速度与习惯。

2. 进入深度做题状态。

一旦开始写作业，就要养成与文本对话、与自己对话的深度做题状态："这道题有哪几个信息和已知条件？隐藏的信息和条件是什么？问题是什么？已知信息和条件与问题之间需搭建的桥梁和纽带是什么？隐藏的信息和条件与需搭建的桥梁和纽带之间是什么关系？"这样，不仅能使我们注意力高度集中，全身心地投入到对题目的分析和解决之中，而且能提高做题的速度和质量。

3. 总结归纳形成一整套高效做题法。

每次做完作业或者完成一套题都要进行做题方法的归纳与总结，逐渐形成各科整套高效的做题方法（可以参照"3.3.4 英语学习还要注重题型的总结与运用"）。

4. 高效完成进行自我奖励不断形成正反馈。

在限定时间内高效完成就给一些奖励，如可以奖励自己做自己喜欢的事情或者适量吃自己喜欢吃的零食等，不断形成正反馈，从而进一步增强高效完成作业的信心。

5. 养成高效做题的习惯。

将总结归纳的高效做题法不断运用于写作业做题的实践，逐渐达到熟练掌握和灵活运用，从而养成高效做题的习惯，高效完成作业自然不再是问题。

8.5.2　还可供借鉴的几个高效作业法

对于很多的初、高中生来说，大量的作业成为负担，由此滋生出的拖拉磨蹭、粗心错误等作业病，让人心情烦躁焦虑，每天生活在作业压力的阴影下，苦不堪言。

所以，想办法高效完成作业，才能不为作业所累，学习感觉会更轻松更自信。

除了上面介绍的"倒计时限时训练法"，这里再介绍几个可供借鉴的高效作业法。

第一个方法是提前完成一些能够预测的作业。比如：语文老师要求每周做两次摘抄和写一篇周记上交；每科老师每天上完新课都会布置配套的课后习题进行巩固，这些可预测的作业，你可以在日常学习中挤出时间来提前完成或提前做一部分。利用这个方法，每科都提前做一些作业，就能节省出更多的时间来复习和完成其他作业，学习就能掌握更多的主动权。

第二个方法是充分利用碎片时间完成一些简单的作业。一般每科老师上完当天的课都会布置相应的练习，这时就可以充分利用上午的大课间、中午扣除午饭和休息时间后剩下的时间、下午的大课间，来完成简单的作业或者整理笔记，比如语文的摘抄作业、英语的背诵作业、各科布置作业里的选择题等，采用这个方法，也能减轻作业多带来的压力。

第三个方法是先复习再写作业来提高效率。写一科作业前，一定要先花几分钟复习一下当天所学知识再开始，因为在熟悉知识的基础上做题的效率，要远远高于对知识的陌生带来做题困难的效率，而且做题质量会更高效果会更好。

第四个方法是合理安排作业的顺序，提升有限时间的利用效率。可按照最简单—最难—简单—较难—较简单的顺序和科目交叉（先弱势科目然后优势科目）安排作业。长时间重复相同难度相同类型的工作会让人产生厌烦的情绪，"作业间歇转换循环"可有效提升效率。具体原因参见"8.4 高效作业的安排与原则：在有限的时间能更高效地完成作业"。

第五个方法是分清主次挑选对自己学习提升更有帮助的题做。如果作业实在太多，时间实在不够用，就可以挑选题来写。重要紧急需要上交的作业先写，提分空间更大的弱势科目的作业先写，自己会的题和完全不会的题后写或者不写。这样，可以将有限的时间聚焦在对自己学习提升更有帮助的作业上。

第六个方法是不断挑战高效率训练法。每次每项作业在进行时间分配时，可以比预估的时间适当缩短几分钟，比如估计当天的语文作业 20 分钟完成，可以缩短到 15 分钟；数学作业 40 分钟完成，可以缩短到 35 分钟，等等，以此类推，每项作业都能节省出几分钟，当天所有作业也可节省出 10~30 分钟，这些节省出的时间可以用来复习前面所学知识，或者整理当天笔记，再或者反思纠错总结，又或者有针对性地突破弱势学科的弱势环节，等等，不断挑战高效率，进入学习良性循环的轨道。

8.5.3 有关写作业的建议

写作业之前一定要规划好，最好制定作业时间安排表；简单的作业一定要快速完成，不要占据过多的时间和精力；最不喜欢的作业和弱势科目的作业优先做，一定不要拖到最后，因为自己疲惫的状态下会十分抗拒不喜欢的作业；难度大的作业一定要趁头脑清醒、精力充沛时完成；内容多项目多的作业要分解成一个一个小项目去完成，难度大的作业要根据题目信息分解步骤，化解为一个个相对容易的步骤去逐步攻破。

总之，做任何事情都有方法，科学高效的作业法能助力你更快更好地完成作业，从而减轻作业带来的压力和负担，获得更多的学习主动权。

8.6 作业完成不等于结束：做好后续工作才能更显著地提升学习力

8.6.1 纠错复盘、总结和改进是知识掌握程度拉开差距的主要原因之一

很多初、高中生对待作业完成之后的现状是：能写完已经不错了，简单匆忙对一下答案就算结束了。

但这恰恰是普通生和中、高考优秀学子知识掌握程度产生差距的主要原因之一。

一位初中优秀学子在介绍学习经验时说，对待错题的态度和方法不同，学习效果会有很大的差异。他有一个心得，就是针对学习中的错误绝对不能一错再错！他会非常认真地对待错题，把犯过的错误都写在本上。利用错题本，一方面便于及时纠错，真正理解知识；另一方面也便于翻看复习自己曾经犯过的错误，以提醒自己注意避免再次出错，这样的学习效果才会更显著。

我校 2004 年以总分 698 分考入清华大学的一位学子，在《致母校学弟学妹的一封信》里提到：减少失分就是增分。他说自己每次作业和平时测验之后，都会统计自己的失误。他说减少失误也是一种能力。在距离高考八个月左右的时候，他考试失误的分数大概有四五十分，那时候在学校排名只能勉强进入到前一百；寒假前期末考试的时候，他失误的分数减到了二三十分，在学校的排名就已经进入到前十，而此后就再也没掉出过前十。他坚持统计自己失误和不断改进的结果，就是每次考试失误的分数都在减少，他感觉自己每天都在进步，正是这种一点一滴的进步让他变得真正自信起来。最后，高考估分之后，他在失误方面丢掉的分数只有两分，他就知道自己一定能考上清华大学了。

由此可见，做完作业和考试之后纠错复盘和总结改进的重要性。

初中、高中会有数不清的作业以及各种考试，我们千万不要迷失在题海之中，做完题之后，一定要及时纠错复盘、总结和改进，才能达到写作业的目的：真正掌握和灵活运用所学知识，提升知识掌握程度和素养能力！

8.6.2 写完作业之后的具体操作流程

1. 对答案纠错。

很多同学写完作业后，都会对答案纠错，但缺乏针对答案的仔细分析和学习。

对于错题，关键是要把自己的思路和答案的思路进行对比，找出异同，找准自己的问题与做题的突破口：自己做错在哪里；为什么错；怎么让自己下次不再错。做到发现一个错误后可以消灭一片错误。

对于自己不会做的题，对答案时要先弄清楚答案的思路，再结合自己解题的过程，思考这样三个问题：什么地方不会做；为什么不会做；怎么才会做。分析究竟自己在什么地方出了问题, 从而导致思路受阻, 答题的突破口究竟在哪里?

只有针对答案进行分析, 向答案学习, 尽量把自己的思路向答案靠拢, 才能够深入题目的本质, 找到自己知识的弱点与漏洞, 思路的堵点, 做题才能有收获, 通过这样的积累, 才可以大幅提高解题能力。否则只是对答案的正误进行修改, 可能很快就会忘记自己做错的题目和自己存在的问题。

2. 复盘反思错误原因。

对于做错题的原因, 有相当多的同学在分析时, 简单归结为自己粗心导致:"粗心了, 没仔细审题""我怎么那么粗心! 这么简单都做错了"……

千万不要拿粗心当做错题的挡箭牌和借口!

其实, 很多看起来是粗心做错的题, 都有着深层次的原因。

据我近 20 年教学经验观察, 学生做错题的原因可以归结为以下几方面:

错误原因 1: 审题不仔细, 题目信息看错或者看漏 (这是造成绝大部分错误的最主要原因)。

错误原因 2: 知识点掌握不牢固, 或者根本就没掌握。

错误原因 3: 思维过程不严谨, 出现漏洞或堵点或偏差。

错误原因 4: 解题方法没掌握。

错误原因 5: 要么过于紧张着急, 做题速度太快 (主要在考场); 要么不在意, 注意力不集中, 没有真正进入做题状态。

错误原因 6: 各种低级失误, 如写答案时笔误、填涂错答题卡等。

错误原因 7: 其他错误原因。

3. 总结改进措施并落实。

根据上面错误原因找出相对应的改进措施。

对策 1: 对自己进行专门的审题训练。可采用信息要素分解法来审题, 即把题目分解成一个个信息要素, 平时做题就要求自己把所有的信息要素都看全、看准。针对每一次的审题错误, 用红笔将之前看错或看漏的信息标注出来, 以提醒自己注意。当然还可以就每次审题的差错进行归纳, 总结出常见陷阱和自己常见审题错误, 经常进行复习, 提醒自己不要再犯错。

对策2：找出自己没有掌握或者掌握不牢固的知识点，立即翻看课本，结合笔记和资料进行再次理解。如果还不会，就主动请教老师或同学，及时真正弄懂并掌握。如果是有关知识点的记忆问题，就及时记住。

对策3：回忆复盘自己做题的思维过程，将自己的思维过程和正确答案进行对比，找出自己思维的漏洞或堵点或偏差，及时进行纠正，并总结出避免自己以后出错的方法。比如，对于选择题的选项，在做题的思维过程中没有将选项和材料进行对应，导致做题出现错误，以后就应该在自己做题的思维过程中，增加将选项和材料对应的步骤，才能有效避免出现类似错误。

对策4：专门研究这类题的解题方法。如果不会，就及时问老师、问同学弄懂并掌握。

对策5：有关做题或考试的最佳心态是：适度紧张。心理专家指出，适度的心理紧张，可以使考生更好地调动体能和脑力去应对压力，发挥出最佳水平，但过度的考试紧张则会导致考试焦虑，影响考场表现，并波及身心健康。过度的放松又会导致注意力分散，难以真正进入做题状态。平时做题其实也是如此，做题速度过快，会导致分析不仔细、错误增多；而过于放松则不仅会导致注意力不集中，做题速度慢，也会导致做题只停留在表面，没有真正深入题目进行深度分析和思考。

对策6：对于如何尽可能地避免各种低级失误，如写答案时笔误、填涂错答题卡等，唯有做题时更加细致认真、做完后仔细校对检查。还可以对自己常犯的低级失误，写一份"检错清单"，无论在平时还是考试时，都要提醒自己注意别再犯同样的错误。比如自己经常填涂错答题卡，那就多检查几遍，既可以由试卷答案检查答题卡的填涂情况，也可以由答题卡填涂的答案来检查试卷上的答案是否一致。总之，要想办法避免自己再犯之前的错误。

对策7：对于其他错误原因，也要及时反思总结并改正，以避免再犯类似的错误。

4.梳理总结。

将平时练习和考试中出现的典型错题整理到纠错本上时，为了节省时间可以采用剪与粘贴的方式，将自己做错并对自己有警醒和提升的典型题目，用剪刀剪下来并粘贴到纠错本上。当然，也可以采取摘要记录的方式，即标明错题来源并总结错误原因和改进对策等，以下错题总结模板可供借鉴参考。

序号	错题来源	错误原因	对策	涉及知识点	题目类型	备注	复习
1							
2							
3							
4							
5							
6							

到了双休日或假期时，我们还需要对这些错题进行进一步梳理总结，可将这些错题进行编号，并进行分类总结，主要依据知识专题和同类题型进行分类总结，这样不仅可以找出共性知识点的考查方式，还可以找到同类题型的通用做题方法与做题技巧，是深入理解知识和提升做题能力的有效途径。

5. 不断复习回顾。

当然，梳理总结之后还要时常翻看纠错本进行复习回顾，这样才能不断地改进和提升。

大家也赶紧行动起来吧，相信日积月累，学习定能有大的提升和飞跃。

第9章

熟练运用：考场应试秘籍大全，让获取高分不是梦

来自同学们的困惑：

"为什么我感觉自己该掌握的知识都掌握了，可一考试就出了问题？"

"为什么我一到大型考试就紧张，该怎样调整心态？"

"为什么有的同学一考试就能考到让人羡慕的高分，而我再怎么努力用心去做，却只能得到一个差不多，但远没有达到自己理想状态的分数呢？"

9.1 考场心态：考场最佳心态和注意力高度集中，能让临场发挥更好

9.1.1 考场心态是影响考生临场发挥好坏的决定性因素

考场心态是影响考生临场发挥好坏的决定性因素。调适好自己的心态，尽自己最大所能发挥出自己最好的水平，对中考和高考，显得尤为重要。

为了有良好稳定的考场心态，考前放松、平静自己的心态，很重要也很有必要。

你可以找个僻静的地方观赏风景、听经典的轻音乐放松，可以找家长、老师、同学聊天放松……用自己喜欢却有效的方式，来缓解自己的焦虑紧张，尽量让自己平静下来，做好考前各项准备工作，坚持用积极的心理暗示来暗示自己，告诉自己：

只要尽自己最大努力去考, 就一定不会差; 尽自己最大努力做到最好就无怨无悔, 或者这只是一次平常的测验, 我自信, 所以我成功! 等等。尽量做到以自信、平和、从容、沉着、冷静、洒脱的心态, 以平常心来面对高考。

考试当天进考场不要迟到, 尽量保证提前 15~20 分钟入场, 因为做足充分的准备, 有助于调整心态缓解压力。即使因为客观因素来得迟, 也要安心定神之后进入考试, 不要在仓促和慌乱中做题, 造成不必要的失误。

进入考场后, 绝大部分同学多少都会有些紧张, 这很正常。因为对于广大高考考生来说, 只要他在乎自己的前途, 知道高考意味着什么, 那么他就会或多或少产生心理压力, 想要完全轻松上考场, 几乎是不可能的。而且俗话说得好, 没有压力就没有动力, 保持正常的压力对于高考中取得好结果是必要的。

根据心理学 "倒 U 形曲线理论": 适度紧张, 往往有助于提高神经兴奋度, 提高注意力和反应速度, 从而激发人的潜能。

所以, 应对考场上的紧张气氛和心理波动的最好方法就是勇敢地面对自己, 视压力为常态, 坦然思考分数、考试的意义, 从而保持从容和自信, 全身心地投入到考试之中。

即使有些担心, 比如晚上没有休息好、身体有些不适、担心考差了对不起家长老师……要知道, 有这些想法都很正常, 但同时也要进行自我安慰: 没什么大不了的, 我只要尽我自己最大所能去做到最好就无怨无悔。

9.1.2 考场上的最佳心态及调适方法

考场上的最佳心态是: 平和冷静或适度紧张。过于紧张和过于放松都不利于考试的正常发挥。如果过于紧张和担心, 出现呼吸急促、手心出汗、大脑空白等, 就需要及时地加以调节。

首先可以采用意念放松法: 在心里默念 "放松", 想想你最为成功的一次考试的景象和心境，这种回想能使你心情愉快，充满信心，头脑清晰，思路畅通，使你能平心静气地答题。

也可采用腹式深呼吸法进行调节：深深地吸气，感觉空气从你的鼻腔慢慢进入体内，一直进入到腹部，肚子鼓起……暂停两到三秒钟，接着慢慢呼气，收缩腹部，将浊气从体内排出，经鼻腔呼出身体。将注意力集中在自己的呼吸上。用腹式深呼吸放松法，重复做2~3次深呼吸就会有明显的放松效果。

还可采用观赏风景法：将紧张的注意力进行转移，也会有效果。

接着可以在头脑中回忆课本知识体系和重要知识点，做套题的流程及注意事项，做题的步骤及方法等，能让自己感觉对做题有了信心和把握，就不会有那么焦虑紧张和担忧了。

过于放松也不好，容易导致注意力不集中，犯一些低级失误，同样不利于考场的正常发挥。一位北大优秀学子就曾提到他在一段时间内做题准确率过低，考试中总是犯下一些低级失误，经过老师帮忙分析原因，是在考试中过于放松，以致精力不够集中，思想经常开小差。从此，他在考前回忆考试科目的知识要点，使自己在开考后尽快进入状态，这样便很少再发生错误了。

所以，平和冷静或适度紧张是考场上的最佳心态。

9.1.3 考场上怎样做到注意力的高度集中

要想使整场考试的注意力高度集中，就不能将注意力放在其他人、其他情况上，而是要放在题目上，放在对题目信息的分析和解读上，就要问自己：这道题有哪几个信息？每个信息怎么理解？它和问题之间有什么关联？已知条件和未知条件有哪些？信息与信息之间有什么关联？能否挖掘出背后隐藏的信息和条件？出题人的意图是什么？等等。要用心地阅读题目材料的文本并与它对话，注意力自然会高度集中，紧张不紧张都不再成为问题，也只有如此才能最大限度地做好每一道题，取得自己最好的分数。

9.2　每科考试：明确做试卷的流程、原则和要求，才能做到心中有数

9.2.1　明确做整套试卷的流程

无论中考还是高考，进入考场到做整套试卷的流程是什么呢？

1. 进入考场后正式答题铃声响之前。

（1）进入考场后，检查自己桌上张贴的考场号座位号和姓名准考证号是否和自己的一致，确保不要走错考场。如果发现走错考场，举手报告监考教师，及时更正。

（2）在监考教师分发答题卡和草稿纸之前，按照我上一讲的方法来调适自己的心态，暗示自己：只要自己尽最大努力去考，就无怨无悔，或者这只是一次平常测验！我自信，所以我成功！

（3）监考教师分发答题卡和草稿纸之后，按要求准确填涂好答题卡、草稿纸上的姓名、准考证号、考场号、座位号等信息，在答题卡规定位置粘贴好条形码。然后仔细检查一遍，确保填涂正确无误。

（4）监考教师分发试卷，拿到试卷时，不要过于激动和慌乱，要把它当作平时的测验，暗示自己细心分析每一个信息，用心解答每一道题就好。

（5）拿到试卷后，首先要检查试卷页数是否齐全、题目印刷是否清晰、答题卡是否有缺漏、破损的情况，如果有，要及时举手报告监考老师进行处理。然后在规定处也就是试卷密封线以内，按要求写上姓名、准考证号、考场号、座位号等信息。

（6）接下来，在正式答题铃声响起之前，大致浏览一遍试卷，大体弄清试卷的板块结构、各种题型、题量，试卷的难易度。注意提醒自己：试题简单，不可以粗心大意，因为我认为简单，别人也认为简单，一定要做到"人有我优"。试题有难度，切不可丧失信心，因为我认为难，别人也认为难，只要做到"人无我有就行"。要相信自己用心仔细分析题目每一个信息，就能一步步攻克难题。即使真的不会做也不要紧，因为我不会，别人一般也都不会，可以把中间自己会的一些步骤写出来，得到步骤分。总之，把自己会做的能做的题做好，最大程度地拿到自己能拿到的分，就是成功。

此时切忌一边看题一边急着抢时间考虑答案，因为你不能指望哪道题能一眼看出答案。比如语文作文，无论什么题型，无论是否熟悉，都不必深想，相信自己一定可以写好。大致浏览一遍，心情就会慢慢放松，等到答卷铃响，就可集中精力答题。

2. 开考后前30~45分钟做第Ⅰ卷的选择题基础题（具体时间可根据各科的具体情况而定）。

（1）做选择题力避两种倾向：一是一味抢时间、求速度，这样势必导致审题不严，思考不周密，从而出现不应有的失误；二是速度过慢，太过谨慎小心，甚至反复徘徊不敢选。

（2）选择题审题要细，每一个信息都要看到位，把握题目的中心意思。问题要求一定要看清是要选正确的还是要选错误的，可以在题目的正确与不正确等这样一些字眼上加上着重号或者圈画出来以提醒自己注意。

（3）做选择题要有一次成功的意识，既注意考点的设置，又要凭借语感。如有二选一时干扰性极强的情况出现，也一定要认真辨析两者的区别和侧重点的不同，在这个前提下，定一个预选答案，这时可在题号前打一个问号，以备做完后有针对性地检查。

（4）如果真的出现有拿捏不定或者不会做的情况，要回过头来，再将题目仔细认真读两遍，还不会或者拿捏不定的话就果断跳过去，随便选一个答案先放这儿，你在题号前做好标记，等后面所有题做完之后，如果还有时间就回过头来再仔细研究思考，如果没有时间就算了，也不用可惜，因为自己实在不会做，随便选一个答案就好。

（5）选择题每做一题，必须在题号前写明答案，切忌在选项上打勾，这样可能会导致填涂失误；也不要选定一个便手忙脚乱在卡上填涂一个，这样会妨碍思考。

（6）选择题全部做完后，就集中时间填涂答案。要注意在所选答案的方框内一次性填涂规范，把这个选项方框要覆盖满，避免过机器时读卡错误。填涂完答题卡之后一定要再仔细检查一遍，避免涂错。

3. 开考30~45分钟后至结束铃声响起，做第Ⅱ卷的大题（具体时间可根据各科的具体情况而定）。

（1）仔细对题目和材料信息进行分析和解读要问自己：这道题有哪几个信息？

每个信息怎么理解?它和问题之间有什么关联?已知条件和未知条件有哪些?信息与信息之间有什么关联?能否挖掘出背后隐藏的信息和条件?等等。要用心地和题目材料的文本进行对话,挖掘出题人的意图,从而找到解题的方向和答案。对于理科的大题,也可在头脑中想 2~3 种方法,找一个最简单的来做。

(2)因为是网上阅卷,所以你在答主观题时一定要有强烈的规范意识:

①书写规范,卷面整洁。答题卡上不允许书写潦草,乱涂乱画;书写以"清晰整洁"为原则。字不宜过小或大而潦草,或用力过轻;如有写错处,字数少可用橡皮擦,字数多则最好用直尺在上面画一横线,不允许用其他方式夸大暴露问题。

②对号入座,按题号在规定的矩形框内作答。绝对不能张冠李戴甚至私自改动题号,这样会导致扫描无效,判分为零。

③要点或步骤分明,表述规范。在每点或每个步骤,前面标明阿拉伯数字,这样阅卷老师更容易找到你的要点,不至于要点隐藏导致阅卷老师误判失分。

(3)留下 3~5 分钟做全卷的检查,不要轻易改动选择题答案,除非你特别确定要改。

9.2.2　明确做整套试卷的原则和要求

做整套试卷总体应该遵循的原则有:

按顺序从前往后做题、先易后难、一定要注意看准、看全每一个信息,审清题意,审题慢、答题快,每一道题争取一次性做对、做好,不要因为 1~2 道题而影响全局,合理安排时间系统优化策略,争取最大限度地拿到自己能拿到的分。

做整套试卷的要求有:

(1)做到卷面干净整洁,字迹工整清晰。因为卷面整洁与不整洁一个学科相差能多达 10~20 分。

(2)选择题做完要先涂卡,并仔细检查一遍,以避免考试结束时忙乱而忘记或者来不及填涂,或者由于慌乱而填涂错误。

(3)没有十分的把握不要随便修改自己先前的答案,除非特别确定错误。

(4)尽量不要提前交卷,有多余的时间可仔细检查或者研究突破难题。

9.3 答题策略与技巧：在有限的时间里要最大限度地拿到能拿到的分

9.3.1 考场答题策略

1. 总揽全局，合理安排。

拿到试卷后，切勿急于答题，首先要看清共有多少题，多少大题，多少小题，反面有无试题，这样一方面可以防止由于紧张而漏做题，另一方面做到心中有数，便于规划答题时间。一定要注意是否有缺张、漏印、字迹不清现象，如有，应立即举手报告监考老师。时间的分配和安排一定要合理，可参考"9.6.1 时间分配问题和看表问题"。

2. 仔细审题，扣题作答。

俗话说："磨刀不误砍柴工"，拿到一个题目，一定要花必要的时间仔细审题。采用信息要素分析法分析题目，将每个信息要素圈画出来，要问自己：这道题有哪几个信息？每个信息怎么理解？怎么转化？它和问题之间有什么关联？已知条件和未知条件有哪些？信息与信息之间有什么关联？能否挖掘出背后隐藏的信息和条件？出题人的意图是什么？等等。要全面、准确地理解题意，弄清题目要求和解答的范围，根据要求，抓住重点，认真作答，这样才不会答非所问。

在审题时，要特别重视题目中的关键词信息，如物理中的静止、匀速、匀加速、自由落下等词，还要特别注意逆向选择题中的关键词，如错误的、不正确的、不可能的等。

3. 注意联系课本知识和实际进行理解。

现在的很多试题主要考查学生的能力，但超不出课本知识和实际生活的范围。因此，我们要"透过现象看本质"，揣测和把握出题人的中心意图，找出试题考查的课本知识，如果不是课本知识，就一定要和实际联系起来进行理解。只有深入理解题目的本质，才能更好地做题。

4. 按顺序作答，先易后难，从容应对。

总体来说要按顺序作答，先易后难，才能树立起做题的信心。有时碰到难题，一时难以解答的,可以先暂跳过,先做后面相对简单的题,再回过来仔细分析难题。

一般来说,遇到一个题,仔细看两遍题目,思考了 3~5 分钟仍然理不清解题思路的,应视为难题可暂时放弃,即使这个题目的分值再大,也要忍痛割爱,以节约时间,把精力放到解中低档题上,等有时间再回头来攻克难题。要知道在中考和高考有限的时间里,最大限度地利用有限的时间抓住自己能得到的分,对中、高考的成败起着至关重要的作用。

5. **容易不轻视,困难不畏惧。**

在考场中可能会遇到这样两种情况:一种是看到试题比较简单或比较熟悉就特别兴奋,此时一定要提醒自己:千万不要得意忘形,失去警惕性而导致粗心大意。要知道在你感到比较简单的同时,大多数考生也都如此,因此谁更细心谁就能得到高分。有时看起来特别容易、熟悉的题一旦改变了关键词或条件,就极易出错。

另一种情况是看到试题比自己想象的难度要大就害怕,此时应提醒自己:不要畏惧,不要丧失信心,静下心仔细分析也能够做出来。要明白试题对所有考生都一样,你觉得难,别人也绝不会感到轻松。所以,谁越是能沉着应对,谁就越能得到高分。平心静气,采用基本方法,按部就班地审题、作图和深入分析,一步一步进行拆解,有些看似困难的题也能迎刃而解。特别是信息量大的题,文字多,要善于提炼有用信息,这些题目大都属于"高起点,低落点",所用到的解决问题的办法并没有想象得那么难,一般比较简单。

考场上告诉和提醒自己:"人易我易,我不大意;人难我难,我不畏难。"

6. **一步到位,稳扎稳打。**

无论中考还是高考,每科的时间都很有限,全盘复查的可能性不大。所以做题时力争一次到位,稳扎稳打,不要把希望寄托在第二遍的复查上。同时要相信自己的第一感觉,在没有特别肯定做错的情况下,最好不要改动第一次的答案。

7. **抓住基础题和中档题。**

无论中考还是高考,一般而言,每科的基础题、中档题、难题的比例为 3∶5∶2,所以,做好基础题和中档题至关重要。对于综合性的难题,一些题目前面 1、2 问简单,后面的问题比较难，那前面的问题一定要作答，该得分能得分的题目一定不能放弃，要尽量拿住自己能拿住的分。实在不会的难题大胆舍弃，把时间用来检查自己还有疑惑的题，争取减少基础题和中档题的失分，得到自己能得到的分，就是胜利！

9.3.2 有关做题的一些技巧

对于选择题和填空题：

要巧解选择题和填空题，基本的原则是："小题不可大做"。比如：数学选择题可采用排除法、选项比较法、验证法、数形结合法（如题目中有图的可直接用三角尺或直尺来量，没有图的可画图用比较标准的图形直接验证答案）。填空题可采用：直接求解法、图像法、构造法和特殊化法（如特殊值、特殊数列、特殊函数、特殊方程、特殊角、图形的特殊位置、特殊点、特殊模型等）。

对于解答题：

1. 一定要准确把握题意。可采用信息要素分析法分析题目，尽可能挖掘出题目和材料隐藏的信息，找到足够多的解题信息，才能解答更完整、更全面。

2. 找出解题思路。注意联想平时训练和总结的相关题型，但又不能局限于此，切忌犯经验主义错误。

3. 规范答题。找到解题思路和方法之后，作答要简明扼要，快速规范、不拖泥带水。中、高考试卷评分是按步骤给分的，关键步骤绝不能丢，但允许合理省略非关键步骤。即使过程比较简单，也要简要地写出基本的步骤，分步分点写，否则就容易被扣分。所以一定要尽可能地把过程写得详尽和准确，才能得到理想的分数。

4. 多写不扣分，漏点少写要扣分，而且中、高考改卷时一般都有酌情给分的情况。所以，在准确把握题目范围和题意的前提下，适当多写是有利于提高分数的。

5. 保持卷面整洁和字迹工整清晰，让阅卷老师"赏心悦目"，同样能多得"印象"分。

总之，在中、高考考场时间有限的情况下，最大限度地拿到自己能拿到的分，就取得了胜利！

9.4 做题方法：几个"万能做题法"，是能够获取高分的有效解题法

9.4.1 拆解法是非常有效的解题方法

我们无论在学习还是生活中都会遇到各种复杂的问题，其实解决问题的关键就在于"拆解问题"，即通过优化思路，把问题化难为易，拆解、细化成具体步骤，然后逐一突破，加以解决。

做题也是如此。很多优秀学子在介绍学习经验时都说过，对于综合复杂的题目，只需要把它拆解成一个个具体的小问题加以解决，就可以攻克。

拆解法不仅可以运用到对题目或材料的分析上，也可以运用到解决问题的方案或步骤上，下面举例加以说明。

例题〔2018 年全国高考文科综合卷 II 40（2）〕材料略。问题：运用文化生活的知识，说明我国杂交水稻研发推广是如何增强我们的文化自信的。

步骤一：审好题目，拆分题目

"拆题"解题，首先要学会拆分题目，将大题拆成一个个小题。遇到文字长的题目，我们可以将长句拆分成若干个短句理解，短句又可以拆解成关键词或条件信息进行理解。利用拆解法审题可以让我们做到不漏读，不误读，并且降低了理解的难度，能够大大提高我们的阅读能力和审题能力，拆分题目后解题思路也相应产生。

分析：我们可以将此题目拆解成这样几个信息要素：①范围：文化生活知识；②我国杂交水稻研发推广（材料有详细描述杂交水稻是如何研发推广的？）；③如何（属于措施类题）；④增强我们文化自信（考查文化自信的相关知识）。这样，解题思路就很明确了。

步骤二：进一步拆解问题与材料，直到找出解题思路

拆分题目后，分散了知识点，降低了难度，接下来我们可以进一步对问题与材料进行拆解，直到找出解题思路。

进一步拆解上面的问题：

我们需要对问题中文化自信进行拆解。根据课本定义，文化自信来自对时代发展趋势、中国特色社会主义实践的深刻把握，对自身文化价值的充分肯定，对自身文化生命力的坚定信念。为此，我们可以拆解成：①把握时代发展趋势、中国特色社会主义实践；②充分肯定自身文化价值；③对自身文化生命力的坚定信念。如果杂交水稻的研发推广对这三方面有利，那么文化自信就能得以增强。

我们还需要对材料进行分段拆解概括：

第一段材料的中心意思可概括为：研发团队不懈奋斗，持续创造，取得举世瞩目的成就。

第二段材料的中心意思可概括为：研发团队奔走在试验田和实验室，解决了杂交水稻育种的一系列关键性难题。

第三段材料的中心意思可概括为：为助力国家水稻产业升级，满足人们对高品质水稻的需求，团队培育出高品质的杂交水稻品种。

第四段材料的中心意思概括为：袁隆平院士主持举办国际杂交水稻技术培训，指导各国的杂交水稻研究与生产。

根据文化自信的课本理论知识，可将材料信息整合成以下三点，并将两者进行对接，我们可以用下图表示。

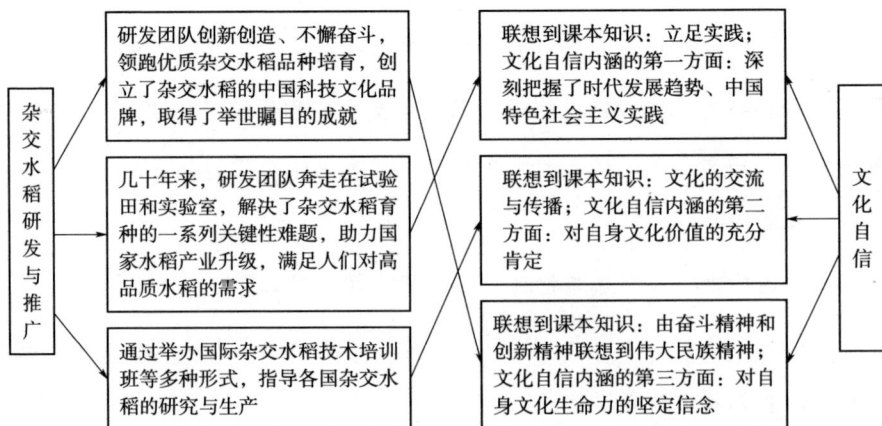

整理后作答：

（1）文化自信来自对时代发展趋势、中国特色社会主义实践的深刻把握，对自身文化价值的充分肯定，对自身文化生命力的坚定信念。

（2）研发团队几十年来奔于试验田与实验室，深入实践调查人们的需求，助力国家产业升级，深刻把握了时代发展趋势与中国特色社会主义实践，增强了我们的文化自信。

（3）研发团队创新创造、不懈奋斗，领跑优质杂交水稻品种培育，创立了杂交水稻的中国科技文化品牌，充分体现了伟大民族精神的时代价值和强大生命力，增强了我们的文化自信。

（4）通过举办国际杂交水稻技术培训班等多种形式，指导各国杂交水稻的研究与生产，促进文化交流和传播，彰显了中国文化的价值，也增强了我们的文化自信。

总之，利用"拆解法"解题，不仅能帮助我们更好地审题，提高审题能力，使"读不懂题""误读题"的概率大大降低，而且能降低题目难度，分散知识点，让大题变小题，难题变基础题，使解题变得更容易。此外，它还能帮助我们提升分析能力，提高思维品质，达到难题浅解、大题小解的目的，是一种非常有效的解题方法。

其实，拆解法的应用也极其广泛。比如：无论对于哪个学科的题目分析，都可以利用拆解法将题目拆解成几个要素和条件，还可以进一步拆解成词语进行理解分析，这样做可以极大地提高审题能力和分析能力；对于语文作文可以拆解成主题、题目、开头、中间、结尾几个部分分别加以研究，从而提升写作水平和作文分数；无论语文还是英语的阅读理解，对文章的分析同样可以拆解成中心意思、段落层次、阐述表达等方面进行分析；各学科的复杂题目也都可以利用拆解法将复杂问题拆解成几个简单问题，将课本理论知识与题目材料信息对接，从而找出答题思路；对于生活中出现的问题，我们同样也可以用拆解法找出原因和相对应的解决措施。拆解法几乎可以成为一种万能解决问题法。

那些拥有超强学习能力的优秀之人，正是因为他们具有遇到问题之后能拆解、分析问题进而解决问题的能力。

9.4.2　联想法能有效地提高解题能力

联想法，无论是在生活中还是在解题中应用都十分广泛。任何学科解题的思考过程实质上都是对已知和未知之间一系列的联想过程。在解题时，可通过拆解法仔细地观察分析与拆解，由问题的信息条件和求解目标，联想到与之相关的课本知识（文科包括概念、原理、背景知识、联系实际等；理科包括定义、公式、定理、法则、性质等）和解题思想、解题方法、解题技巧以及熟知的相关问题的结论和解法，由此连续简化条件和结论，建立条件信息与求解目标之间的联系，从而找到解题的思路和方法。

例 1　首先在一堆垃圾的有机物中检测到放射性，随后又在附近的植物中检测到放射性，接着又在其周围生活的动物体内也检测到放射性。如果放射性只是来自某一种元素，你认为最可能是什么元素？（　　）

A.O　　　　B.C　　　　C.N　　　　D.H

分析：初、高中大部分试题直接根据已知条件很难找到答案，在解答时，应采用联想法，找到与已知条件相关联的已掌握的知识，再根据这些知识得出答案。本题要注意题干中的关键词"附近""周围"。该放射性元素由垃圾堆→植物→动物，联想到植物吸收的是矿质元素，所以该元素最可能是矿质元素，所以答案为 C。

例 2　若 $(Z-X)^2-4(X-Y)(Y-Z)=0$，则 X，Y，Z 成等差数列。

分析：常规解法是先把左边的代数式展开，然后再利用因式分解来证明。但我们若仔细观察条件发现它与一元二次方程 $ax^2+bx+c=0(a \neq 0)$ 的根的判别式 $b^2-4ac=0$ 类似，于是联想到将已知条件 $(Z-X)^2-4(X-Y)(Y-Z)=0$ 看作是关于 t 的二次方程 $(Z-X)t^2-(X-Y)t+(Y-Z)=0$ 有等根的条件。我们不难发现方程左边各项系数之和为 0，即 $X-Y+Z-X+Y-Z=0$，故知方程有两个等根均为 1，于是可利用韦达定理，其两根之积为 $\dfrac{Y-Z}{X-Y}=1$ 即 $2Y=X+Z$ 故 X，Y，Z 成等差数列。

我们在解题的过程中经常使用联想法，可以灵活拓展思维，打开解题思路，从而做到举一反三、触类旁通，提升解题速度。

其实，联想法不仅可以运用在写作、解题等领域，也可以广泛地运用于我们日常的学习、生活和工作中。它是利用联想思维进行创造的方法, 经常使用不仅可以使我们的思维更加灵活, 提升我们的想象力, 还可以提升我们创造性解决问题的能力。它和拆解法一样, 是一种非常好用并行之有效的方法。

9.4.3 转换法也是一种非常重要的解决问题的方法和策略

转换法是一种非常重要的解决问题的方法和策略, 它能把待解决或难解决的问题, 通过某种转换, 变为熟悉或比较容易解决的问题, 从而迅速找到解决问题的正确思路和方法。

著名数学家波利亚曾说: "解题的一个常用办法就是不断地变换你的问题。" 有时我们不把题目变更, 就几乎不能有什么进展, 这时我们就需要通过一再改变问题的叙述或形式, 改变观察分析问题的角度, 使问题呈现出我们熟悉或者比较容易的叙述或形式, 从而使问题得以解答。

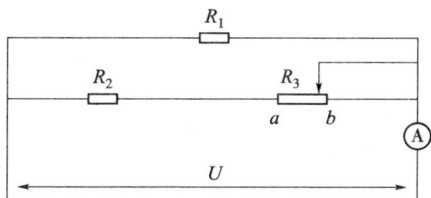

例 1 在如右图所示的电路中, 电路两端的电压 $U=6$ V 并且保证恒定不变, $R_1=6$ Ω、$R_2=3$ Ω, R_3 是一个滑动变阻器, 其最大电阻为 9 Ω, 在电路中当滑动变阻器的滑片从 a 点向 b 点滑动时, 电路中电流表读数的变化情况是 (   )。

A.3 A → 1.5 A   B.1.5 A → 3 A   C.3 A → 1 A   D.0 A → 1.5 A

分析: 从图中可看出, 滑片在 a 端时, R_3 被短路不起作用, 此时 R_1、R_2 并联, 可将 R_2 等效转换为两个 6 Ω 的电阻, 此时电路可看成 3 个 6 Ω 电阻的并联, 求出总电阻是 2 Ω, 可算出电流是 3 A, 也就是电流表的最大读数是 3 A。如果滑片在 b 端时, R_3 的阻值为 9 Ω, 此时的电路是 R_2、R_3 串联, 其阻值是 12 Ω, 此时可把 R_1 等效转换成两个 12 Ω 的电阻并联, 这样电路就等效转换成 3 个 12 Ω 的电阻并联, 容易求出总电阻是 4 Ω, 按照公式可计算出电路总电流是 1.5 A, 这样就容易判断出本题的答案是选项 A。在解题过程中, 通过等效转换法, 既容易理解, 又省去了计算并联电阻的烦琐过程, 使计算过程变得简单, 利用口算就能解决计算问题, 从而提高解题效率。

例2　将镁粉和碳酸镁的混合物置于氧气中灼烧，直至质量不再改变为止。经测定，灼烧后所得固体质量与原混合物质量相同，求原混合物中镁粉和碳酸镁的质量比。

分析：整个题目全部用文字叙述，没有一个可供直接利用的具体数据。仔细审题分析，抓住关键词语，将"灼烧后所得固体质量与原混合物质量相同"转化为（化隐含条件为显性条件）"Mg 吸收的 O 质量等于 MgCO 分解放出的 CO 质量"，即可出 $2Mg \rightarrow O$ 和 $MgCO \rightarrow CO$，导出 $44Mg \rightarrow 16MgCO$。这一关系式表明在原混合物中镁粉与碳酸镁的质量比是 $44 \times 24 : 16 \times 84 = 11 : 14$。

我们在使用转换法时需要注意以下两点：

第一，要确保转换的规范性和准确性。

转换法既是一种解题方法，也是一种解决实际问题的方法，转换要素包括目标、对象以及途径。这就需要我们在运用转换法的过程中，首先要明确转换的对象，同时要对转换的目标进行合理设计，选择适当的转换途径。无论是在哪个要素、哪一步的转换中，我们都必须保证转换的规范性和准确性，否则转换很可能就是无效的，找到的解决方案极有可能就是错的。

第二，转换要尽量多元化。

一元化的转换有时会让我们的思路陷入困境和死胡同，因此我们要尽量开拓思维，拓展思路，转换要尽量多元化。比如我们在初、高中数学的解题过程中，如果我们只想到一种转换方法，往往很有可能就遭遇计算量特别大或者解不出题的情况。因此，我们平时一定要多开动脑筋，尽量进行多元化的转换，也就是做到一题多解，经常做这样的训练，我们才能在考试有限的时间里迅速地找到最优的解题方法。

其实，转换法不仅是解题的有效方法，也是我们解决实际问题的有效方法。利用转换法，我们能够将复杂的问题转换为简单的问题，将抽象的问题转换为具体的问题，将陌生的问题转化为熟悉的问题，从而快捷高效地找到解决问题的方法。当然，我们必须掌握正确的运用原则，避免盲目转换，规避错误转换，才能找到解决问题的正确方案。

综上所述，拆解法、联想法、转换法都是非常有效的解决实际问题的方法，当然也是解题非常有效的方法，我们在实际运用的过程中，往往将三者结合起来使用。

9.5　思维模型：建构严谨高效分析试题的思维模型，让得高分不是梦

9.5.1　政治学科严谨高效分析试题的思维模型

要想取得高分，优质的思维过程、好的做题方法与扎实的知识功底缺一不可。扎实的知识功底有赖于平时脚踏实地的学习，优质的思维过程与好的做题方法需要在大量的做题练习中进行复盘和总结。

以政治学科为例，我浓缩总结了近 20 年的教学经验和做题经验，给学生总结出了政治学科能取得高分的做题思维步骤与做题的技巧方法。

1. 选择题，分三步走。

第一步看材料。看材料时问自己：第一句话讲什么意思？第二句话是什么意思？第三句话是什么意思？……中心意思是什么？（大脑直接处理材料进行理解，既可节省时间又有利于进行深度思考，从而避免了读几遍原文大脑还没进行思考造成的效率低下）

第二步看问题。问自己：问题是什么？是让选正确的还是错误的？是《经济与社会》还是《哲学与文化》的范围？是问原因还是结果？问题有时可能会有 2~3 个限定，一定要提醒自己注意题目设置的每一个陷阱。（避免了一不小心就"掉坑"）

第三步看选项。每一个选项都要以词为单位细化思维，要看全、看准看到位。不要遗漏选项，因为现在的中考和高考都是考查学生能力的，一眼就能看出答案的简单题目几乎没有。看每一个选项时，要反问自己这样几个问题：1. 本身说法对不对？属于明显易混易错点，错误的直接排除。2. 本身说法对，是什么意思？可以联想课本和日常生活进行理解。3. 它和材料有关吗？无关的就排除，有关的话是不是材料的强调点，符不符合材料的中心意思？4. 它和材料的对应点在哪里？可以将选项和材料打箭头进行对应。（有效避免了"大而化之"，简单一看就选答

案从而导致出错率极高的问题）

经过这样的做题思考步骤，选择题做题一般就不会有什么大问题。

为了确保选择题做题的正确率，还需要运用以下几个做题技巧：

（1）肯定肯定的，否定否定的。意思就是肯定正确的选项一定要选，肯定错误的选项一定要排除。

（2）词的相通性。选项中使用的词和题目中使用的词对应一致的，要着重考虑很有可能是正确的选项。

（3）选项的内在一致性。多项组合型选择题，四个选项中有两个选项，虽然表述不一样，但其实意思完全一样，就基本可以确定为正确选项。

（4）对于模棱两可，拿捏不定的两个选项，要注意分析它们的区别，把握强调点的不同。站在出题人角度进行逆向思考：如果我要选这个选项，应该怎样出题，运用什么材料来加以说明才能选；有时还需要结合现实加以理解，因为理论来源于现实，两者并不矛盾。

实践证明：在基本功扎实的基础上这样思考分析做题，选择题的正确率基本能达到80%~100%。

2. 主观题，也分三步走。

第一步看问题。先看问题，做到目的明确，可以减少不必要的时间浪费。对于题目，采用要素分析法，以词为单位将思维细化来拆解问题，将题目信息拆解成一个个词和要素，就可以从中找到1~3个答题要点。

第二步看材料。最好看两遍。第一遍整体把握材料层次和脉络。问自己这样几个问题：材料有几段分成几层意思？每一段或每层意思是什么？中心意思是什么？出题人从哪几个方面论证问题的？第二遍具体分析材料。以句为单位，一句话一句话地分析。找出其中的关键词和有效信息，能联系课本知识的联系课本知识，不能联系的，只要能回答问题"抄材料"也有分，当然不能原封不动地抄材料，而是要对材料进行适当的归纳概括或转化运用。

第三步作答。要求条理清晰，观点明确。作答要注意这样几点：

（1）在每点前面标上阿拉伯数字1、2、3、4等，这样让阅卷老师可以清晰地看到你的思路。

（2）每点在作答时要将观点（课本知识点）写在前面，材料分析放在后面。避免阅卷老师找不到你写的观点。

（3）把最重要、最直接的要点写在前几点，不太重要不太直接的点写在后面。这样可以做到主次分明，既抓住了重点，又做到了统筹兼顾。这样做能够有效避免改卷老师由于改卷速度太快，漏看你写的重要点，从而造成不必要的失分。

（4）政治主观题最好每道题写 4~6 点，要点太少不容易得到分，要点太多空间位置有限又写不下。一问的分值一般在 8~12 分，参考答案一般是 3~4 点，所以比参考答案适当多写 1~2 点，能够有效提升分数。因为你不可能保证自己写的每一点正好就是参考答案的要点，再加上中、高考还有酌情给分的情况，尽量做到多写要点。

（5）每个要点写 1~2 行，既不能太多也不能太少，太少表述不清，太多空间位置不够。中考和高考答题卡给每问的答题空间就是 6~8 行。

以上就是我近 20 年对政治学科能取得高分的做题思维步骤与做题技巧方法的总结。

9.5.2 其他学科需要自己举一反三

那有的同学问其他学科呢？"大道至简，万事相通"。其实我总结的政治学科的做题思维步骤和做题技巧方法，基本上也适用于其他学科。比如选择题第一步看材料，第二步看问题，第三步看选项。主观题第一步看问题，第二步分析材料，第三步作答。只不过材料的具体内容各科不一样，有的材料是数字信息，而有的材料则是文字信息。你可以根据各科的具体情况做适当修改，各学科的特点不一样，问自己的问题也不一样，比如数学，就要这样问自己：题目的已知条件有哪些？这些已知条件能否推出一些隐含信息？未知条件是什么？它和已知条件有什么关系？我能不能通过拆解和联想，将未知条件进行转化，从而让它与已知条件发生联系，进而找出解题思路？

总之，你可以通过我总结的政治学科做题思维步骤和做题方法进行类比，举一反三，反思总结每一门学科的做题思维步骤和做题的技巧方法。相信有了这套思维方法和技巧方法，再加上扎实的知识功底，无论题目的具体内容如何变化，其实万变不离其宗，你都能"稳坐钓鱼台。"

9.6 考试时需注意的几点：处理得当，使考试取得最大化的成果

9.6.1 时间分配问题和看表问题

1. 时间分配问题。

考试过程中往往有这样的情况：有人过于紧张，盲目抢时间，导致审题不仔细，失分严重；有人缺乏时间观念，答题过慢，或一直着眼于1~2道题，花费了大量时间，等到做后面的题时突然发现时间已过了大半，只好加快速度，慌乱中出错，降低了正确率。所以，合理安排分配时间很重要。

一般而言，每道选择题的做题时间为1~2分钟，每道大题的做题时间需要根据各科和各类型题的实际情况而定，一般在10分钟以内。具体每门学科每道题用时多少，这需要在平时就养成高效的时间管理意识和高效做题的习惯，可采用"倒计时限时训练法"，具体操作方法参见"8.5.1 倒计时限时训练法是高效完成作业的最主要方法"一节。

2. 看表问题。

可能很多同学在考试中都有看表的习惯，会时不时地看一下手表，算一下离考试结束还有多长时间。这其实不是一个好习惯。因为：一是频繁地看表会浪费时间，考场上考试是争分夺秒的，一分钟就有可能意味着几千名的差距；二是频繁地看表还会加剧自己的紧张心理，所以建议你在考试时不要过于频繁地看表，只有当你遇到难题难以解答时和选择题都做完时，才看一下还有多少时间，以便合理安排剩余时间。中考和高考做题最好按自己平时养成的做题速度和节奏，如果突然改变，很容易导致不适应而出现种种问题。也不要受他人的影响，千万不要因为别人而扰乱了自己的心神，打乱了自己的答题顺序和速度。所以平时养成好的做题习惯和节

奏，中考或高考考场就没有必要担心时间不够用。如果有的学科试卷平时就经常做不完，就要考虑取舍，适当舍弃难题，更加仔细用心地做自己会的题，从而最大限度地拿到自己能拿到的分，就取得了成功。

9.6.2　审题问题

仔细审题非常重要！因为它是做好题的基础和前提，它也是拉开分数的最主要原因。很多人失分的主要原因在于"没有看清题目要求，粗心大意，没有仔细审题，大而化之地看一遍题就去做"。所以做题之前一定要仔细审题，看全看准题目所有信息。仔细分析理解每一个信息，挖掘信息与信息之间，信息与问题之间的关系。理解出题人的意图，至于具体如何审题可参照"9.3.1 考场答题策略"中的"仔细审题，扣题作答"。

对于简单基础题千万不可掉以轻心。大量研究表明：学生与学生分数拉开差距，最主要在于简单基础题而不是难题。因为难题大家基本不会做，得分几乎都不高，所以差距很小。而简单基础题相当于送分题，大家都会做。可是有的人就有些轻敌，大而化之，导致失分严重。有的人能得全分，而有的人只能得一半甚至更少的分。于是差距就拉开了。所以越是简单越要仔细认真，越要用心细致，确保正确率，争取做全对，拿全分。这样也会为攻克后面的难题打下坚实的基础。

考试过程中遇到不会做的题或者拿捏不定的题，将题目再仔细认真读两遍，还是不会或者拿捏不定，就要果断地跳过，随便选一个答案先放着，并在题号前做好标记，等后面所有题做完之后，如果还有时间就回过头来再仔细研究思考，如果没有时间就算了也不用可惜，因为是自己真正不会做的题，对面选一个答案就好。

对于难题没有必要产生畏难情绪和恐惧感。因为难题对于大家来说都难，你现在要做的就是尽量多得一些分。多读几遍题目，仔细分析信息，把已知条件都找出来，列一些与题目有关的公式，进行转化组合和挖掘推理；仔细分析题型，把一个交叉抽象的大题分解成若干个小题，化解成一道道自己熟悉的小题来一步步推理，如果有的步骤不会而有的步骤自己会做，也可以跳步解答，写出："得到此步后，则有"，然后继续求解，即使最后结果，解答错误或解答不出，也可以得到中间的步骤分。

9.6.3　草稿纸使用问题

草稿纸的使用也大有学问。使用草稿纸时太过随意，不仅做题步骤可能会混乱，而且计算列式还会由于看不清楚抄写错误，从而导致原本会做的题也做错失分。另外举手叫老师，等待老师，还会浪费时间打断思路。所以草稿纸使用一定要干净整洁、有序有效，步骤清晰完整。这样不仅有利于做题思路清晰顺畅，还有利于检查结果发现问题所在。

最好在拿到草稿纸之后，就将草稿纸对折，每页分成左右两块区域，每块区域从上往下按顺序标上相应的题号，步骤也需要从上往下按顺序写，不要混作一团，左边区域用完之后，再用右边区域标题号打草稿。反面也是如此。因为草稿纸上不只是算出的数据，还记录下了你的思路。干净整洁有序的草稿，能清楚地反映你的做题思路，既有利于顺利做题，也有利于检查时方便查出哪个步骤出了问题从而得到纠正。

所以，科学合理地使用草稿纸，不仅能提高效率，能使有限的草稿纸得到充分利用，也有利于思路步骤清晰完整，还有利于检查纠错，实在是不可小视的一个问题。

9.7　及时高效检查：能有效提高正确率，争取到最大的胜利

9.7.1　考试做题要树立争取一遍做好的观念

首先在这里要说明的是，由于考试时间总是有限，各科题量都相对较大，因此一定要树立这样的观念：做题要争取一遍做好做对。所以第一遍做的时候就要非常

仔细非常认真地去做，只要是会做的题，就要尽量确保 100% 的正确率。不要想着后面还会有大量的时间重新仔细检查一遍，很多时候都没有那样的时间。实际的情况是：很多同学刚刚做完就要交卷了，或者甚至还有 1~2 道题没有做完就要交卷了。所以，争取一遍就做好。

当然，由于做题过程中肯定会出现拿捏不定、不确定或者感觉自己好像做错的情况，所以，检查也必不可少。

9.7.2　考场上高效检查的方法

那什么样的检查方法才是高效的呢？

很多同学对于检查试卷的认识都有误区，认为只有全做完了才应该开始检查。其实高效的检查方法，检查步骤，都是融入渗透到解题过程中的。只要不能确定，或感觉做得不对的就及时检查。这样不仅可以节省时间，还能让你心里感觉到踏实，从而使你做后面的题会更有自信。

高效检查是需要一定的技巧的，这些技巧都是在平时做题过程中不断总结出来的，而且不断经过了实践的检验。所以你在检查你的答案是否正确时就会有一定的感觉，凭这种感觉你大概就能知道自己的答案是否正确。如果你感知到你的做题可能有问题，不能确定自己做的是正确的，这时就需要及时检查。检查最好用与做题时的不同方法，采用一些技巧来检查，效果会更好。

比如，对于数学选择题的检查，可以采用以下几种方法：

1. 数形结合法。使用这种检查法，利用比较标准的草图去验证答案，又快又准。

2. 对同一道题，用不同的解法再算一次。看结果与先前的是否一致。

3. 直接取特殊值法。将符合选项范围的特殊值进行代入验证。

4. 代入检验法。将计算得出的最终答案带回原条件中，去检查自己的运算步骤是否正确。

5. 逆运算检查。就是将运算中的每一步都反过来再算一遍，比如用乘法算出来数再除回去看一看等，逆运算检查法适用于所有题目，特别是当我们用不上其他检查方法时，就可以体现这种方法的快捷和方便。不仅如此，用逆向运算法来检查做过的试题，还可以大幅度减少一些低级的运算错误。

6.选项比较法，将计算出的答案与选项进行比较，同时思考计算过程，假设自己在计算的过程中哪步变化一下，看看能不能得到其他的答案。这种方法往往能帮你看穿出题人出这些选项的用意，使你对正确的答案更加肯定。

又如，对于易错点的检查，首先需要你平时总结自己做题过程中容易出错的易错点，在考场上遇到相同题型就要着重检查一下此类问题中是否有类似的易错点，看看你自己是否掉入了出题人设置的"陷阱"里，这样可以大大提高中、低档题的正确率。

在考场上答题时，及时地采用一些高效的检查方法，能使你做题快而准，答后面的题目会更加胸有成竹。除了难题，你就这样一道题、一道题地攻克，争取把每一道题都做好，相信取得中、高考的成功也就在你自己的掌控之中！

参 考 文 献

[1] 苏利文,野村.终身学习:10个你必须掌握的未来生存法则[M].吴果锦,译.武汉:湖北教育出版社,2018.

[2] 德韦克.终身成长[M].南昌:江西人民出版社,2017.

[3] 王艺宁.哈佛高效学习法[M].楚祎楠,译.北京:台海出版社,2020.

[4] 李朕飞.等你在北大[M].北京:台海出版社,2019.

[5] 李朕飞.等你在清华[M].北京:台海出版社,2019.

[6] 王金战.我是这样考上北大清华的:北大篇[M].成都:四川少年儿童出版社,2016.

[7] 盛建武,谭兴茂.清华北大状元告诉你的100个超高效学习技巧:黄金升级版·高中卷[M].北京:北京理工大学出版社,2017.

[8] 武瑞恒.168位高考状元的高效听课技巧[M].北京:新世界出版社,2016.

[9] 李柘远.学习高手[M].北京:北京联合出版公司,2020.

[10] 祁子凯.成为学霸[M].北京:北京联合出版公司,2022.

[11] 胡胜林.初中三年,提高学习成绩的窍门:升级版[M].北京:中国纺织出版社,2018.

[12] 方舟.初中3年最高效的7种时间管理方式[M].北京:朝华出版社,2011.

后　记

毫不夸张地说，我见过、教过的几乎所有学生，都有一颗上进的心。即使那些表面上看起来不认真、对学习好像满不在乎的学生，其实也是由于他们找不到努力的方向、正确的学习方法，再加上久而久之的学习受挫，才导致他们放弃了努力。

我之所以写这本书，就是想帮助所有的学生，特别是那些正在学海中挣扎的学子，以及那些正在为孩子的学习情况焦心不已的家长朋友们，从学习的层层迷雾中，认清学校学习与考试的本质，明确学习的底层逻辑，找到努力的方向，把握学习的窍门和方法。它能助力广大学子锤炼本领，获得学习"超能力"，从而变成在学海中畅游的高手。

为了写好这本书，我付出了很多。我有着多重身份：高中教师、孩子妈妈、家庭主妇，既有繁重的高中教学任务，也要陪伴辅导孩子，还要做各种琐碎的家务活儿，我只能挤占自己的休息时间来写这本书。另外，由于经常对着手机与计算机，我的视力也下降不少；长时间坐着打字，我的腰椎也变得不太好。

但是，当我写完这本书时，我感觉自己所有的付出都值得！它就像一个孩子，从无到有，在我这里诞生。我也像是完成了自己作为教师和家庭教育指导师的一项使命般，有着说不出的轻松与惬意。它既是我十几年求学经验的总结，也是我近二十年教学经验的总结，还是我对超百位中、高考优秀学子学习经验的研究总结，更是对学生普遍存在的学习问题的系统性解答；既包括对学习的认知和策略，又有如何高效学习的实战实操。我希望并相信这本书能够帮助到拥有它的学子和家长朋友们！

真的很感谢我的编辑Sophie，是她的信任、包容和耐心，一次又一次地与我沟通，一遍又一遍地校正，才有了今天呈现在你眼前的这本书。

也真的很感谢我的学生、家人、朋友，这本书的完成，也同样离不开他们的鼓励与支持。

　　为了能帮到每位学子，我特意做了一张"梦想达成卡"，大家可以把这张卡剪下来，或照着自己制作一张，然后往里填分数，以激励自己不断进步。

梦想达成卡									
学校学习的总目标	梦想大学			理想专业			中考／高考目标总分		
各科的目标分数	语文	数学	外语	物理	化学	生物	政治	历史	地理
自己的实际分数									
需增分目标									
各科可增分点									
达成计划									
每日执行收获（感悟）									

　　例如：语文的目标分数是 130 分，自己的实际分数是 100 分，需增分的目标就是 30 分，可增分点为阅读理解 20 分（现代文阅读 15 分，古文阅读 5 分），作文 10 分。达成计划：利用一个月时间每天或每两天做一篇阅读理解，并反思总结，不断提升自己做阅读理解的水平；利用一个月时间研究满分作文，一周练笔一次，一直坚持，从而不断提升考场作文的写作水平。

　　谨以此书献给所有的初、高中学子与家长朋友们！

邬玲玲

2024 年 6 月 20 日